正五行擇日訣法

繼大師著

正五行擇日訣法 ── 繼大師著

目錄

自序

繼大師

正五行擇日的學問廣闊深厚，變化無窮，原理眾多，筆者繼大師雖著作多本正五行擇日書籍，但對於一些深入的方法及原理，亦未能詳盡地解釋清楚，有些讀者，雖明瞭擇日方法，但在使用上還是欠缺些少技巧，故再詳細解釋一些在擇日上的細微技巧。

例如配合陽居十字線的坐向，亦可相配前後左右等向度，為雙重坐向的擇日方法。中段有日課的特殊格局，亦有尅應案例。此書名：

《正五行擇日訣法》

內容有：上朔日的原理及尋法，細說貴人祿馬空亡在四柱中之尋法，細說文昌、文曲之原理，細說廿四山拱格日課及擇日的技巧，雙重坐向的擇日方法及原理，屋坐黃泉八煞線度案例，地元一氣的好壞，日全蝕期間的火災、水災日課，破日日課的遭遇，日課月破時柱的選擇，黑色暴雨的日課。

日課四絕日的遭遇，選擇入伙安床日課的技巧，如何選擇結婚日課，如何選擇安座寺廟內的骨灰龕位日課，佛寺開光的日課選擇，如何選擇墓園安葬骨灰日課，工業意外日課，貴登天門時的原理、尋法及用法口訣，並附上多個日課例子，以幫助讀者能用掌訣自行推算。

最後附上「甲辰」流年日課及方位的吉凶，參照此章的方法及形式，讀者可預先將未來的流年，列出一擇日手冊，待擇日用事時，可觀看手冊，避開方位時煞凶星，配合人命生年，修造陰宅或陽居，再配合坐向用事，定能避開凶險，得吉神相助，而能達到趨吉避凶的目的，且能邀福，人人安樂。

繼大師寫於香港明性洞天

甲辰年仲夏吉日

（一）上朔日的原理及尋法

繼大師

在《岳飛之少年時代》一文中提到岳飛跟「周同」學習射箭，後周同死，原文云：

「未幾。同死。飛悲慟不已。每值朔望。必具酒肉。詣同墓。奠而泣。」

這裏提到「朔望」二字，「朔日」是農曆每月的初一日，朔日當天的月亮稱為朔月，又稱「新月」，初一是看不見月亮的。

「望日」是農曆每月的十五日，望日當天的月亮稱為望月，又稱滿月，為月圓之夜，如是者每月循環不息。

在正五行擇日法中，有多種神煞，其中有一些日子是陰陽時空之交界位，如「立冬、立夏、立秋、立冬」前一天之「四絕日」，及「冬至、夏至、秋分、春分」前一天之「四離日」等。

除了這些日子之外，還有一種同類形的神煞名「上朔日」，出現在不同天干年份之特定日柱干支，這些「四絕日、四離日、上朔日」均大事不宜，如造葬、動土、安碑、結婚、大人物上任、重要儀式等。

上朔日的尋法是，首先尋「上朔日」的地支，然後配以天干。其配法如下：陽天干之年干為：「甲、丙、戊、庚、壬」，陽天干之年配以「亥」地支。

其口訣是：**「年干減一位。地支配以亥。」**

筆者繼大師現列出從年之陽天干找出「上朔日」的方法如下：

（一）「甲」干減一位，即倒數一個天干，為「癸」干，配以「亥」地支即是「癸亥」日，故「甲」年的「上朔日」為「癸亥」日。

凡在「甲」年干所出現的「癸亥」日均是「上朔日」，一年有 365 日，一個甲子旬為 60 日，只得一個干支為「癸亥日」，故一年最多可出現6個上朔日，其餘各陽年干的原理亦如是。

筆者繼大師今以2024年「甲辰」年為例，出現「癸亥日」的日子如下：

（A）2024年陽曆2月29日，農曆正月廿日「癸亥日」。

（B）2024年陽曆4月29日，農曆三月廿一日「癸亥日」。

（C）2024年陽曆6月28日，農曆五月廿三日「癸亥日」。

（D）2024年陽曆8月27日，農曆七月廿四日「癸亥日」。

（E）2024年陽曆10月26日，農曆九月廿四日「癸亥日」。

（F）2024年陽曆12月25日，農曆十一月廿五日「癸亥日」。

（二）「丙」干減一位，即倒數一個天干，為「乙」干，配以「亥」地支即是「乙亥」日，故「丙」年的「上朔日」為「乙亥」日。

(三)「戊」干減一位，即倒數一個天干，為「丁」干，配以「亥」地支即是「丁亥」日，故「戊」年的「上朔日」為「丁亥」日。

(四)「庚」干減一位，即倒數一個天干，為「己」干，配以「亥」地支即是「己亥」日，故「庚」年的「上朔日」為「己亥」日。

(五)「壬」干減一位，即倒數一個天干，為「辛」干，配以「亥」地支即是「辛亥」日，故「壬」年的「上朔日」為「辛亥」日。

陰天干之年干為：「乙、丁、己、辛、癸」，陰天干之年配以「巳」地支。筆者繼大師現解釋「上朔日」的陰天干配法如下：

其口訣是：**「天干加四位。地支配以巳。」**

（六）「乙」干加四位，其順序為「乙、丙、丁、戊、己」順序數四個天干為「己」干，配以「巳」地支即是「己巳」日，故「乙」年的「上朔日」為「己巳」日。

（七）「丁」干加四位，其順序為「丁、戊、己、庚、辛」順序數四個天干為「辛」干，配以「巳」地支即是「辛巳」日，故「丁」年的「上朔日」為「辛巳」日。

（八）「己」干加四位，其順序為「己、庚、辛、壬、癸」順序數四個天干為「癸」干，配以「癸」地支即是「癸巳」日，故「己」年的「上朔日」為「癸巳」日。

（九）「辛」干加四位，其順序為「辛、壬、癸、甲、乙」順序數四個天干為「乙」干，配以「巳」地支即是「乙巳」日，故「辛」年的「上朔日」為「乙巳」日。

（十）「癸」干加四位，其順序為「癸、甲、乙、丙、丁」順序數四個天干為「丁」干，配以「巳」地支即是「丁巳」日，故「癸」年的「上朔日」為「丁巳」日。

總括以上所論，十天干年份之「上朔日」為：

甲年 — 癸亥日　乙年 — 己巳日　丙年 — 乙亥日　丁年 — 辛巳日
戊年 — 丁亥日　己年 — 癸巳日　庚年 — 己亥日　辛年 — 乙巳日
壬年 — 辛亥日　癸年 — 丁巳日

古人認為「上朔日」是陰陽俱盡的日子，這與農曆十二個月的代表卦象有關，名為「十二辟卦」，以十二辟卦的卦象來說，一年有十二個月，每月有一個相配的六爻卦。

以地球環繞太陽公轉一週時，全年受日光最短的一日在冬至中氣，冬至過後，日光時間漸漸增長，為「冬至一陽生」；至夏至中氣，是全年受日光最長的一日，過了夏至，日光時間漸漸縮短，為「夏至一陰生」，如是者每年循環不息。

在十二辟卦的卦象配以農曆十二個月中，以「冬至日」及「至夏日」為陰陽兩極的開始，兩個中氣之前一個節氣，就是陰陽兩極俱盡之月份。這個計算方法與民間農曆月份的編排無關，正五行擇日法是用節氣來計算農曆月份的所屬，原因是：

它以地球環繞太陽軌跡的變化所產生的節氣而定，並非以月亮環繞地球所產生月份來定。

筆者繼大師現列出農曆十二個月配以十二辟卦卦象及廿四節氣如下：

坤卦䷁ — 亥月 — 農曆十月（純陰之月） — 立冬、小雪

地雷復卦䷗ — 子月 — 農曆十一月 — 大雪、冬至（冬至一陽生）

地澤臨卦䷒ — 丑月 — 農曆十二月 — 小寒、大寒

地天泰卦䷊ — 寅月 — 農曆正月 — 立春、雨水

（故農曆新年稱爲「三陽啟泰」，又稱「三羊啟泰」或「三羊開泰」，因爲地天泰卦䷊有三個陽爻之故。）

雷天大壯卦䷡—卯月—農曆二月—驚蟄、春分

澤天夬卦䷪—辰月—農曆三月—清明、穀雨

乾卦䷀—巳月—農曆四月（純陽之月）—立夏、小滿

天風姤卦䷫—午月—農曆五月—芒種、夏至（夏至一陰生）

天山遯卦䷠—未月—農曆六月—小暑、大暑

天地否卦䷋—申月—農曆七月—立秋、處暑

（天地否卦䷋有三個陰爻，之後陰氣漸長，陽氣漸消，故立秋之後生出肅殺之氣。）

風地觀卦䷓ — 酉月 — 農曆八月 — 白露、秋分

山地剝卦䷖ — 戌月 — 農曆九月 — 寒露、霜降

排完十二個月後，然後再回到「坤卦䷁」，農曆十月「亥月」為「純陰之月」，「乾卦䷀」農曆四月「巳月」為「純陽之月」。乾䷀坤䷁兩卦之月令，正是「亥月」及「巳月」，為陰陽兩極將盡之月支，相信古人以此原理作為取「亥、巳」地支作為每年取「上朔日」的地支有關，以「陰消陽長」及「陰長陽消」為循環之原理。故陰陽兩極將盡之「亥、巳」月支作為配用「上朔日」的地支。

《本篇完》

附十二辟卦圖表

地支所屬陰陽五行生肖月份
及十二辟卦圖

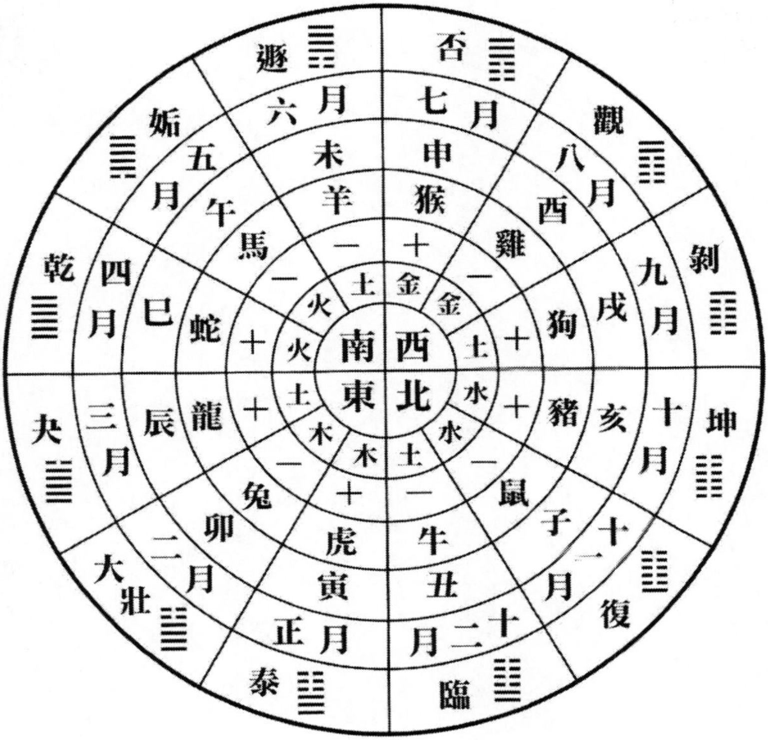

繼大師圖

十二辟卦圖

冬至是全年地球日間受太陽光照最短之一天，冬至以後，日光漸長，故為「冬至一陽生」。

夏至是全年地球日間受太陽光照最長之一天，夏至以後，日光漸短，故為「夏至一陰生」。

（二）細說貴人祿馬空亡在四柱中之尋法

繼大師

六十甲子干支是由十天干配合十二地支所組合而成，當十天干配十二地支，餘下兩個地支，就屬於空亡，分別有六組由甲干開始的干支組合，名「旬」，六旬是：「甲子旬、甲戌旬、甲申旬、甲午旬、甲辰旬、甲寅旬。」

甲子旬：

甲子。乙丑。丙寅。丁卯。戊辰。己巳。庚午。辛未。壬申。癸酉。「戌、亥」為空亡。

甲戌旬：

甲戌。乙亥。丙子。丁丑。戊寅。己卯。庚辰。辛巳。壬午。癸未。「申、酉」為空亡。

甲申旬：

甲申。乙酉。丙戌。丁亥。戊子。己丑。庚寅。辛卯。壬辰。癸巳。「午、未」為空亡。

甲午旬：

甲午。乙未。丙申。丁酉。戊戌。己亥。庚子。辛丑。壬寅。癸卯。「辰、巳」為空亡。

甲辰旬：

甲辰。乙巳。丙午。丁未。戊申。己酉。庚戌。辛亥。壬子。癸丑。「寅、卯」為空亡。

甲寅旬：

甲寅。乙卯。丙辰。丁巳。戊午。己未。庚申。辛酉。壬戌。癸亥。「子、丑」為空亡。

附六十甲子六旬中之空亡表如下：

六甲空亡表

甲子旬	甲戌旬	甲申旬	甲午旬	甲辰旬	甲寅旬	
甲子	甲戌	甲申	甲午	甲辰	甲寅	
乙丑	乙亥	乙酉	乙未	乙巳	乙卯	
丙寅	丙子	丙戌	丙申	丙午	丙辰	
丁卯	丁丑	丁亥	丁酉	丁未	丁巳	
戊辰	戊寅	戊子	戊戌	戊申	戊午	
己巳	己卯	己丑	己亥	己酉	己未	
庚午	庚辰	庚寅	庚子	庚戌	庚申	
辛未	辛巳	辛卯	辛丑	辛亥	辛酉	
壬申	壬午	壬辰	壬寅	壬子	壬戌	
癸酉	癸未	癸巳	癸卯	癸丑	癸亥	
戌亥	申酉	午未	辰巳	寅卯	子丑	空亡

由於單靠閱讀十天干人命之空亡干支圖表，並不能完全明白如何找出人命之空亡干支，故不厭其煩地解說。雖然以下解釋繁複累贅，但為了清楚使讀者容易明白，依照文字對着圖表，必定清楚了解內裏的意思。

由「甲」干至「癸」干之十天干祭主年命，找出日課四柱中之「陽貴空、陰貴空及祿空」，其尋法及原理如下：

（一）甲命之陽貴人在丑，「丑」屬「甲寅」旬中之空亡地支，甲寅旬中只有「甲寅」是甲干，故甲命之陽貴人空亡為「甲寅」，若所擇日之四柱中出現有「甲寅」干支，即為甲命之「陽貴空」干支。

甲命之陰貴人在未，「未」屬「甲申」旬中之空亡地支，甲申旬中只有「甲申」是甲干，故甲命之陰貴人空亡為「甲申」，若所擇日之四柱中出現有「甲申」干支，即為甲命之「陰貴空」干支。

甲命之祿在寅，「寅」屬「甲辰」旬中之空亡地支，甲辰旬中只有「甲辰」是甲干，故甲命之祿空為「甲辰」，若擇日之四柱中出現有「甲辰」干支，即為甲命人之「祿空」干支。

（二）乙命之陽貴人在申，「申」屬「甲戌」旬中之空亡地支，甲戌旬中只有「乙亥」是乙干，故乙命之陽貴人空亡為「乙亥」，若所擇日之四柱中出現有「乙亥」干支，即為乙命之「陽貴空」干支。

乙命之陰貴人在子，「子」屬「甲寅」旬中之空亡地支，甲寅旬中只有「乙卯」是乙干，故乙命之陰貴人空亡為「乙卯」，若所擇日之四柱中出現有「乙卯」干支，即為乙命之「陰貴空」干支。

乙命之祿在卯，「卯」屬「甲辰」旬中之空亡地支，甲辰旬中只有「乙巳」是乙干，故乙命之祿空為「乙巳」，若擇日之四柱中出現有「乙巳」干支，即為乙命人之「祿空」干支。

（三）丙命之陽貴人在酉，「酉」屬「甲戌」旬中之空亡地支，甲戌旬中只有「丙子」是丙干，故丙命之陽貴人空亡為「丙子」，若所擇日之四柱中出現有「丙子」干支，即為丙命之「陽貴空」干支。

丙命之陰貴人在亥，「亥」屬「甲子」旬中之空亡地支，甲子旬中只有「丙寅」是丙干，故丙命之陰貴人空亡為「丙寅」，若所擇日之四柱中出現有「丙寅」干支，即為丙命之「陰貴空」干支。

丙命之祿在巳，「巳」屬「甲午」旬中之空亡地支，甲午旬中只有「丙申」是丙干，故丙命之祿空為「丙申」，若擇日之四柱中出現有「丙申」干支，即為丙命人之「祿空」干支。

（四）丁命之陽貴人在亥，「亥」屬「甲子」旬中之空亡地支，甲子旬中只有「丁卯」是丁干，故丁命之陽貴人空亡為「丁卯」，若所擇日之四柱中出現有「丁卯」干支，即為丁命之「陽貴空」干支。

丁命之陰貴人在酉，「酉」屬「甲戌」旬中之空亡地支，甲戌旬中只有「丁丑」是丁干，故丁命之陰貴人空亡為「丁丑」，若所擇日之四柱中出現有「丁丑」干支，即為丁命之「陰貴空」干支。

丁命之祿在午，「午」屬「甲申」旬中之空亡地支，甲申旬中只有「丁亥」是丁干，故丁命之祿空為「丁亥」，若擇日之四柱中出現有「丁亥」干支，即為丁命人之「祿空」干支。

（五）戊命之陽貴人在丑，「丑」屬「甲寅」旬中之空亡地支，甲寅旬中只有「戊午」是戊干，故戊命之陽貴人空亡為「戊午」，若所擇日之四柱中出現有「戊午」干支，即為戊命之「陽貴空」干支。

戊命之陰貴人在未，「未」屬「甲申」旬中之空亡地支，甲申旬中只有「戊子」是戊干，故丁命之陰貴人空亡為「戊子」，若所擇日之四柱中出現有「戊子」干支，即為戊命之「陰貴空」干支。

戊命之祿在巳，「巳」屬「甲午」旬中之空亡地支，甲午旬中只有「戊戌」是戊干，故戊命之祿空為「戊戌」，若擇日之四柱中出現有「戊戌」干支，即為戊命人之「祿空」干支。

（六）己命之陽貴人在子，「子」屬「甲寅」旬中之空亡地支，甲寅旬中只有「己未」是己干，故己命之陽貴人空亡為「己未」，若所擇日之四柱中出現有「己未」干支，即為己命之「陽貴空」干支。

己命之陰貴人在申，「申」屬「甲戌」旬中之空亡地支，甲戌旬中只有「己卯」是己干，故己命之陰貴人空亡為「己卯」，若所擇日之四柱中出現有「己卯」干支，即為己命之「陰貴空」干支。

己命之祿在午，「午」屬「甲申」旬中之空亡地支，甲申旬中只有「己丑」是己干，故己命之祿空為「己丑」，若擇日之四柱中出現有「己丑」干支，即為己命人之「祿空」干支。

（七）庚命之陽貴人在丑，「丑」屬「甲寅」旬中之空亡地支，甲寅旬中只有「庚申」是庚干，故庚命之陽貴人空亡為「庚申」，若所擇日之四柱中出現有「庚申」干支，即為庚命之「陽貴空」干支。

庚命之陰貴人在未，「未」屬「甲申」旬中之空亡地支，甲申旬中只有「庚寅」是庚干，故庚命之陰貴人空亡為「庚寅」，若所擇日之四柱中出現有「庚寅」干支，即為庚命之「陰貴空」干支。

庚命之祿在申，「申」屬「甲戌」旬中之空亡地支，甲戌旬中只有「庚辰」是庚干，故庚命之祿空為「庚辰」，若擇日之四柱中出現有「庚辰」干支，即為庚命人之「祿空」干支。

（八）辛命之陽貴人在寅，「寅」屬「甲辰」旬中之空亡地支，甲辰旬中只有「辛亥」是辛干，故辛命之陽貴人空亡為「辛亥」，若所擇日之四柱中出現有「辛亥」干支，即為辛命之「陽貴空」干支。

辛命之陰貴人在午，「午」屬「甲申」旬中之空亡地支，甲申旬中只有「辛卯」是辛干，故辛命之陰貴人空亡為「辛卯」，若所擇日之四柱中出現有「辛卯」干支，即為辛命之「陰貴空」干支。

辛命之祿在酉，「酉」屬「甲戌」旬中之空亡地支，甲戌旬中只有「辛巳」是辛干，故辛命之祿空為「辛巳」，若擇日之四柱中出現有「辛巳」干支，即為辛命人之「祿空」干支。

（九）壬命之陽貴人在卯，「卯」屬「甲辰」旬中之空亡地支，甲辰旬中只有「壬子」是壬干，故壬命之陽貴人空亡為「壬子」，若所擇日之四柱中出現有「壬子」干支，即為壬命之「陽貴空」干支。

壬命之陰貴人在巳，「巳」屬「甲午」旬中之空亡地支，甲午旬中只有「壬寅」是壬干，故壬命之陰貴人空亡為「壬寅」，若所擇日之四柱中出現有「壬寅」干支，即為壬命之「陰貴空」干支。

壬命之祿在亥，「亥」屬「甲子」旬中之空亡地支，甲子旬中只有「壬申」是壬干，故壬命之祿空為「壬申」，若擇日之四柱中出現有「壬申」干支，即為壬命人之「祿空」干支。

（十）癸命之陽貴人在卯，「卯」屬「甲辰」旬中之空亡地支，甲辰旬中只有「癸丑」是癸干，故癸命之陽貴人空亡為「癸丑」，若所擇日之四柱中出現有「癸丑」干支，即為癸命之「陽貴空」干支。

癸命之陰貴人在巳，「巳」屬「甲午」旬中之空亡地支，甲午旬中只有「癸卯」是癸干，故癸命之陰貴人空亡為「癸卯」，若所擇日之四柱中出現有「癸卯」干支，即為癸命之「陰貴空」干支。

癸命之祿在子，「子」屬「甲寅」旬中之空亡地支，甲寅旬中只有「癸亥」是癸干，故癸命之祿空為「癸亥」，若擇日之四柱中出現有「癸亥」干支，即為癸命人之「祿空」干支。附上十天干人命在日課中的四柱空亡表如下：

空亡表

祭主干命	日柱之陽貴空	日柱之陰貴空	日柱之祿空
甲命	甲寅日	甲申日	甲辰日
乙命	乙亥日	乙卯日	乙巳日
丙命	丙子日	丙寅日	丙申日
丁命	丁卯日	丁丑日	丁亥日
戊命	戊午日	戊子日	戊戌日
己命	己未日	己卯日	己丑日
庚命	庚申日	庚寅日	庚辰日
辛命	辛亥日	辛卯日	辛巳日
壬命	壬子日	壬寅日	壬申日
癸命	癸丑日	癸卯日	癸亥日

（三）文昌、文曲之原理口訣

繼大師

在四柱八字中，有「文昌」及「文曲」之說，「文昌」主讀書人之科考功名、文章、文官、文學、讀書及職場的考試等。

「文曲」主法律界人士，如：律師、法官、檢控官、法庭工作者，或手藝上的功夫，如各行各業在工藝上的考試，電工、工程師、安裝空調技工、裝修技工、水喉技工、各種建築工程技工等，若考試合格，可成為專業人士認可資格。

「文昌」是十天干與十二地支的關係，尋找「文昌」之法，其口訣是：

「甲乙巳午報君知。丙戊申宮丁己雞。庚豬辛鼠壬逢虎。癸人見兔入雲梯。」

筆者繼大師解釋此口訣如下：

「甲」之文昌在「巳」。「乙」之文昌在「午」。「丙、戊」之文昌在「申」。「丁、己」之文昌在「酉」。

「庚」之文昌在「亥」。「辛」之文昌在「子」。「壬」之文昌在「寅」。「癸」之文昌在「卯」。

同屬四柱八字干支，在使用上，批命與擇日不同，但其中道理大部份相同，加上有學派上的分別，所謂各師各法。文昌的原理，筆者繼大師述之如下：

以干支五行之理來說，五行同陰陽者，我生者為食神，如本身年干為「甲」，「甲」干之食神為「丙」干。

以祿來說，是天干與地支同陰陽的關係，如「丙」干為陽火，地支「巳」亦為陽火。（子、午屬陰，亥、巳屬陽。）「丙」干之祿在「巳」支。

將以上兩組關係相連，就是文昌的關係，換句話說：**「本位天干**（甲）**之食神天干**（丙）**，在地支之祿**（巳）**，就是文昌。」**

（一）本命「甲」年干，其食神為「丙」干，「丙」干之祿為「巳」支，故此「甲」干之文昌在「巳」支上。

（二）本命「乙」年干，其食神為「丁」干，「丁」干之祿為「午」支，故此「乙」干之文昌在「午」支上。

（三）本命「戊」年干，其食神為「庚」干，「庚」干之祿為「申」支，故此「戊」干之文昌在「申」支上。

（四）「丙」與「戊」分別屬火、土，有「火土共長生」之說，故「戊」干與「丙」干相同，故「丙」干以「申」支為文昌。

繼大師註：命理學中關於五行陰陽生死之分，有兩種說法是：

（A）「水土共生於申。」原因是「申」地支暗藏「庚金、壬水、戊土」天干，故為「水土共生」。

說法（B）是：「火土共生於寅。」原因是「寅」地支暗藏「甲木、丙火、戊土」天干，故為「火土共生」。

以上兩種說法均正確，如天干之文曲在地支上的關係，其排列法在「丙、戊」火土天干上，是以「寅」支為文曲。又如文昌在地支的關係上，其排列法是「丙、戊」火土天干，以「申」支為文昌。

十二宮為：「長生、沐浴、冠帶、臨官、帝旺、衰、病、死、墓、絕、胎、養。」又地支三合局中為「生、旺、墓」的組合。

（五）本命「己」年干，其食神為「辛」干，「辛」干之祿為「酉」支，故此「己」干之文昌在「酉」支上。

（六）「丁」與「己」分別屬火、土，有「火土共長生」之說，故「丁」干與「己」干計法相同，故「丁」干以「酉」支為文昌。

（七）本命「庚」年干，其食神為「壬」干，「壬」干之祿為「亥」支，故此「庚」干之文昌在「亥」支上。

（八）本命「辛」年干，其食神為「癸」干，「癸」干之祿為「子」支，故此「辛」干之文昌在「子」支上。

（九）本命「壬」年干，其食神為「甲」干，「甲」干之祿為「寅」支，故此「壬」干之文昌在「寅」支上。

（十）本命「癸」年干，其食神為「乙」干，「乙」干之祿為「卯」支，故此「癸」干之文昌在「卯」支上。

文曲與文昌之原理差不多，只是關係不同，其分別是：

文昌是本命年干的食神之祿。如上例之「甲」食神為「丙」，「丙」祿在巳，故「甲」本命年干的文曲為「巳」。

「文曲」亦是十天干與十二地支的關係，尋找「文曲」之法，其口訣是：

甲乙亥子文曲星。丙戊寅宮丁己兔。庚蛇辛馬壬逢猴。癸人見雞登科途。

文曲是本命年干的偏印之祿，如下例以「甲」為本命年干，「甲」之偏印為「壬」，「壬」之祿在「亥」，故「甲」之文曲在「亥」，剛好與文昌的地支對沖。

筆者繼大師現列出十天干之文曲原理如下：

（一）「甲」之偏印為「壬」，「壬」之祿在「亥」，故「甲」之文曲在「亥」。

（二）「乙」之偏印為「癸」，「癸」之祿在「子」，故「乙」之文曲在「子」。

（三）「丙」之偏印為「甲」，「甲」之祿在「寅」，故「丙」之文曲在「寅」。

（四）「戊」在文曲之計法上與「丙」相同，因「丙、戊」為「火土共長生」，故不以「巳」為文曲，是以「寅」為文曲。

（五）「丁」之偏印為「乙」，「乙」之祿在「卯」，故「丁」之文曲在「卯」。

（六）「己」在文曲之計法上與「丁」相同，因「丁、己」為「火土共長生」，故不以「午」為文曲，是以「卯」為文曲。

（七）「庚」之偏印為「戊」，「戊」之祿在「巳」，故「庚」之文曲在「巳」。

（八）「辛」之偏印為「己」，「己」之祿在「午」，故「辛」之文曲在「午」。

（九）「壬」之偏印為「庚」，「庚」之祿在「申」，故「壬」之文曲在「申」。

（十）「癸」之偏印為「辛」，「辛」之祿在「酉」，故「癸」之文曲在「酉」。

正五行擇日法中，以文昌、文曲作為參考，能用得上則是，用不上亦可，對於考試的日課，可以幫助了解考試後的吉凶，考試日課是可遇不可求，最重要是自己作出充分的準備，盡力而為，成功與否，可算是盡人事應天命，考試日課僅作參考。

附圖如下：

真文昌、文曲表

年干	文昌	文曲
甲	己巳	乙亥
乙	壬午	戊子
丙	丙申	庚寅
丁	己酉	癸卯
戊	庚申	甲寅
己	癸酉	丁卯
庚	丁亥	辛巳
辛	庚子	甲午
壬	壬寅	戊申
癸	乙卯	辛酉

文昌掌訣圖：

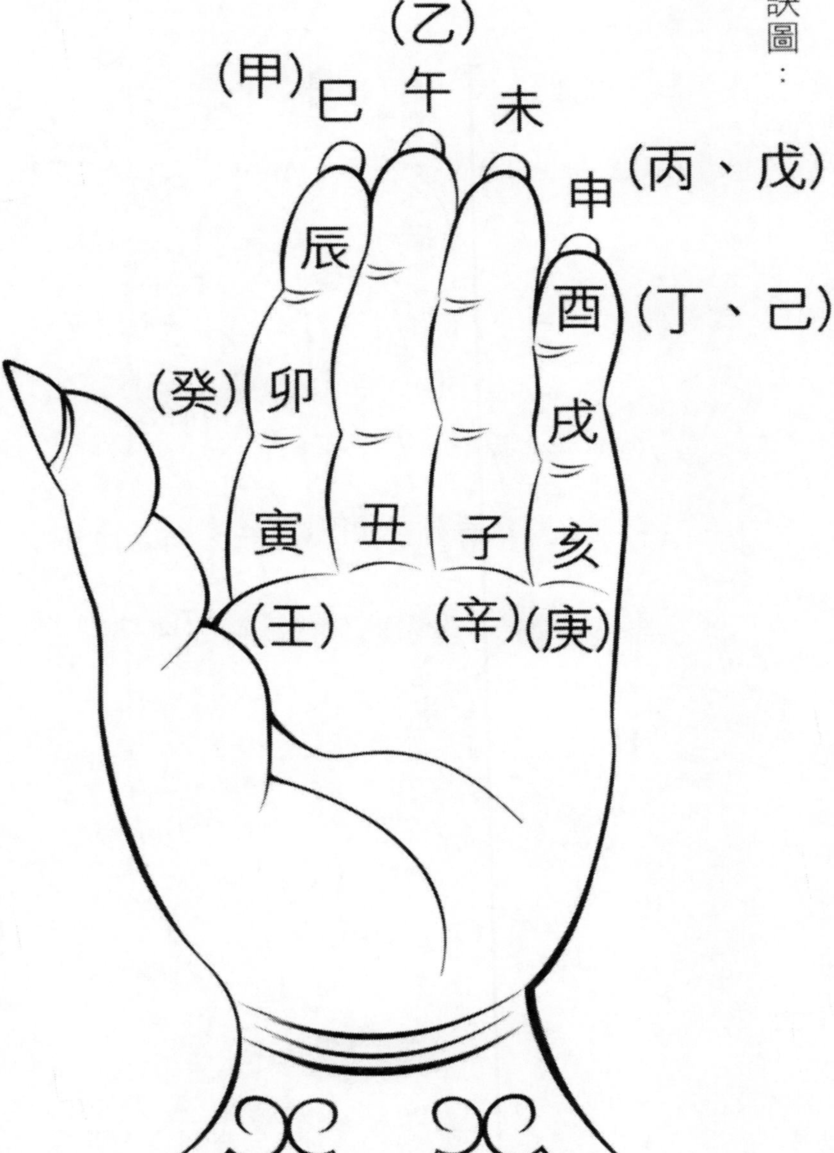

文曲掌訣圖：

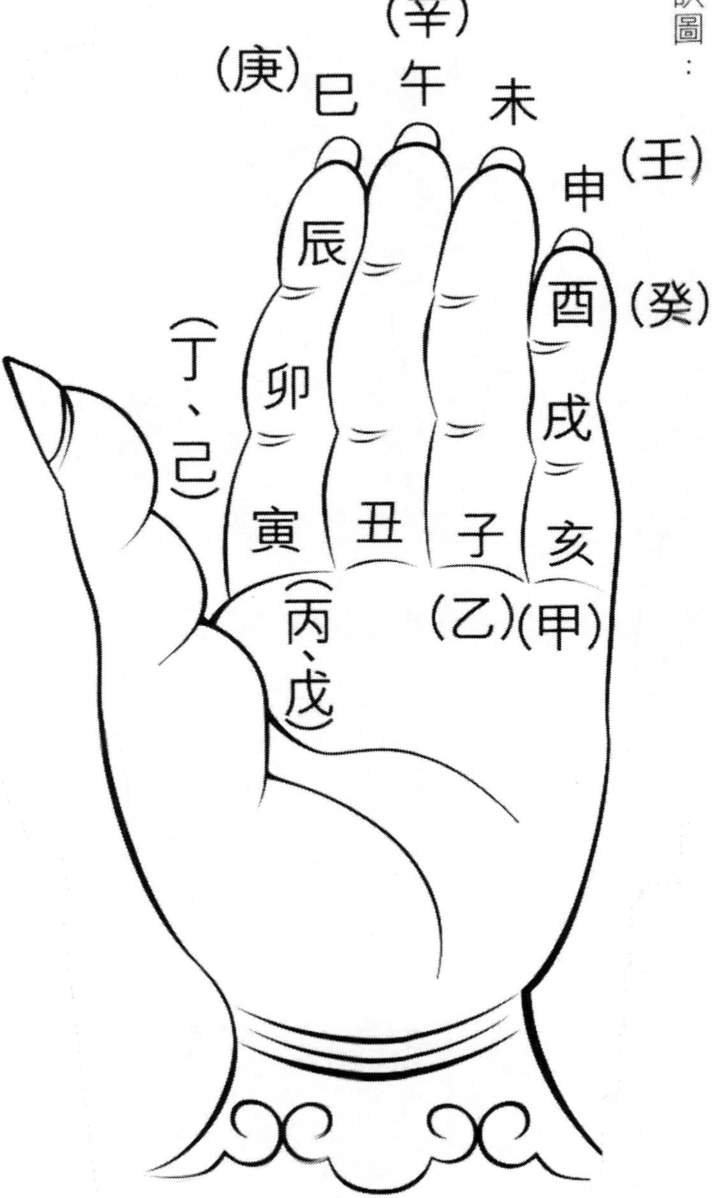

《本篇完》

（四）細說廿四山拱格日課 —— 擇日的技巧

繼大師

在羅盤廿四山之中，有八天干、十二地支及乾坤艮巽四隅卦，廿四山之排列，由北方開始順時針方向排列是：

「壬子癸、丑艮寅、甲卯乙、辰巽巳、丙午丁、未坤申、庚酉辛、戌乾亥。」

選擇拱格日課，日課地支可拱坐山地支，可拱「乾、艮、巽、坤」四隅卦坐山，日課天干亦可拱坐山地支，如陰宅墳碑的坐山是屬於「子」地支，則日課可擇「壬、癸」天干拱夾，拱格可分有四正山方及四隅山方。

以廿四山之雙山五行的理論來說，天干及四隅卦排列行先，十二地支排列在後，分別是：

壬子、癸丑、艮寅、甲卯、乙辰、巽巳、丙午、丁未、坤申、庚酉、辛戌、乾亥。

但這雙山五行，並非指它們的五行全是相同，而是指雙山組合的配搭罷了，是用於推算吉凶的尅應時間。除了四隅卦坐山「乾、艮、巽、坤」並非天干地支之外，其餘二十干支的拱格，都可以使用在擇日日課上。

若以十二地支排列次序，由「子」至「亥」，無論陰宅、陽居的坐向，坐向是天干、地支或四隅卦位，其左右都有各廿四山拱夾其中。

筆者繼大師現列出日課拱格之廿四山四隅卦、十二地支及八天干如下：（註：戊、己沒有坐向，故只有八天干。）

（一）拱四隅卦 ── 「戌、亥」拱「乾」山。「丑、寅」拱「艮」山。「辰、巳」拱「巽」山。「未、申」拱「坤」山。

（二）拱八天干 ── 「寅、卯」拱「甲」山。「卯、辰」拱「乙」山。「巳、午」拱「丙」山。「午、未」拱「丁」山。「申、酉」拱「庚」山。「酉、戌」拱「辛」山。「亥、子」拱「壬」山。「子、丑」拱「癸」山。

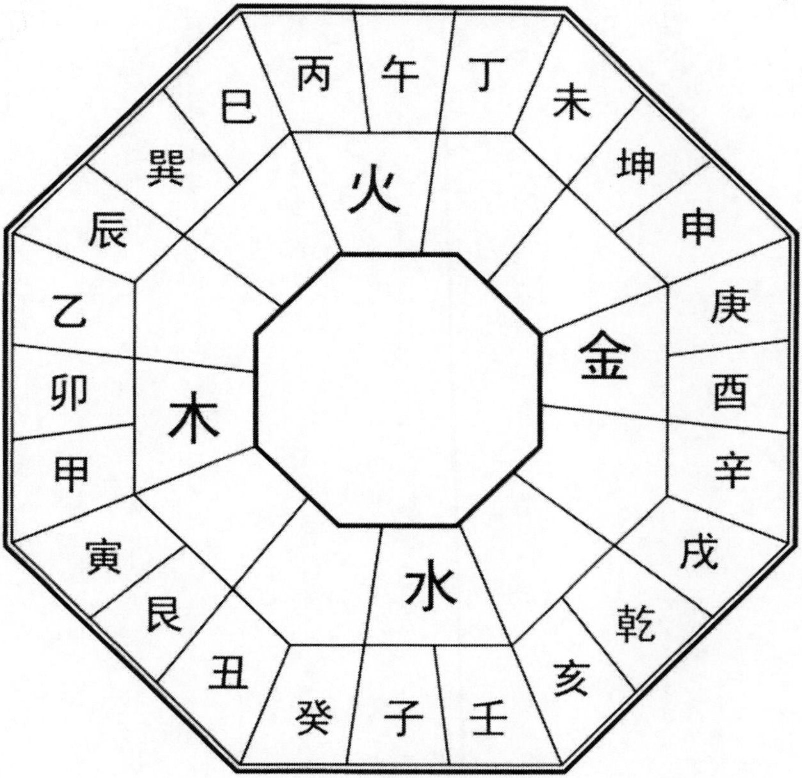

廿四山雙山五行圖

壬子、癸丑、艮寅

甲卯、乙辰、巽巳

丙午、丁未、坤申

庚酉、辛戌、乾亥

（三）十二地支拱十二地支——「亥、丑」拱「子」山。「子、寅」拱「丑」山。「丑、卯」拱「寅」山。「寅、辰」拱「卯」山。「卯、巳」拱「辰」山。「辰、午」拱「巳」山。「巳、未」拱「午」山。「午、申」拱「未」山。「未、酉」拱「申」山。「申、戌」拱「酉」山。「酉、亥」拱「戌」山。「戌、子」拱「亥」山。

筆者繼大師現列出四正山方拱格日課例子如下：

（一）墳碑坐「子」山地支，日課可擇天干有「壬、癸」的四柱，屬水同旺局，又可使「壬、癸」拱「子」山。「壬」日若要配「癸」時，只有「癸卯」時。如擇於 2032 年陽曆 3 月 7 日早上 05:00am 至 07:00am．(用事時辰為 06:00am) 日課四柱為：

壬子　年
癸卯　月
壬子　日
癸卯　時

此日課天干「壬、癸」雙飛蝴蝶格，貴人到「卯」月、時支，水木大旺，配「子」山為「壬、癸」拱夾「子」山，亦同旺「子」山，適合配水木生年人命，如「癸亥、壬子、癸卯」人命等。

另有一配法，就是天干用「壬」年、月，配「癸」日、時，「癸」日若要配「壬」時，只有「壬子」及「壬戌」時。如擇於2032年陽曆12月23日晚上11:30Pm，日課四柱為：

壬子 年
壬子 月
癸卯 日
癸亥 時

但此日課在「亥」時，不便安碑下葬，若用事，需用大光燈照明，務求能夠清楚地定出碑向。

還有，如擇於2034年陽曆10月28日卯時，早上06:00am（05:00至07:00），日課四柱為：

癸丑 年
壬戌 月
壬子 日
癸卯 時

此日課大致上與上例相同，「丑」年「戌」月屬土，「丑」年支與「子」日支隔了「戌」月支，故「子、丑」不能合；「戌」月支隔了「子」日支，不能與「卯」時支合，日課水木仍旺，「壬、癸」拱夾「子」山，北方屬水，亦同旺「子」山，早上6:00am天也亮了，安碑可以不需要用大光燈照明。

（二）墳碑坐「午」山地支，日課可擇天干有「丙、丁」的四柱，屬火同旺局，「丙、丁」亦可拱夾「午」坐山。可擇於2037年陽曆6月14日正午12時。日課四柱為：

丁巳 年
丙午 月

丁巳　日
丙午　時

此日課亦是雙飛蝴蝶格，天干「丙、丁」拱夾「午」山，月、時「丙」地支坐旺「午」山，四柱純火一氣，非常旺盛，但切忌犯三煞、五黃、都天、土符、土府、土王用事等地煞，否則會加強土中之煞氣。

在 2037 年「丁巳」年八白紫白年星入中，順飛至南方後天離宮為紫白年星三碧臨宮，此日課可使用也。

（三）墳碑坐「卯」山地支，日課可擇天干有「甲、乙」的四柱，屬木同旺局。「甲、乙」拱夾「卯」山，若擇於 2044 年陽曆 12 月 1 日，晚上 11:30Pm，日課四柱為：

甲子　年
乙亥　月
甲申　日
乙亥　時

此日課雖然大吉，但在晚上 11:30Pm 安碑不甚適合。若然擇於 2044 年陽曆 11月2日，下午 6 時正，日課四柱為：

甲子 年
甲戌 月
乙卯 日
乙酉 時

這日課雖是拱格，但用「酉」時為破時，雖然月、日地支「卯、戌」合火，「戌」支為解神，亦最好另擇其他「乙」干日，如擇於 2044 年陽曆 10 月 13 日，下午 6 時，日課四柱為：

甲子 年
甲戌 月
乙未 日
乙酉 時

三個日課之中，此日課較為好一些，日課年、月之兩「甲」干之貴人在「未」日支上，歲貴及月貴也。日課日、時之兩「乙」干之貴人在「子」年支上，「甲、乙」拱「卯」山則大吉，可配「乙未」年人命祭主。

（四）墳碑坐「酉」山地支，日課可擇天干有「庚、辛」的四柱，屬金同旺局。用「庚、辛」天干拱夾「酉」支坐山，可擇於 2030 年陽曆 5 月 25 日，上午 10 時，日課四柱為：

庚戌 年
辛巳 月
庚申 日
辛巳 時

此日課亦是雙飛蝴蝶格，雖「巳」月、時支與「申」日支爭合，但以年、月及日、時之分配來說，以天干「庚、辛」作主導，日、時之「申、巳」合水較為合理。「庚、辛」拱「酉」山，拱格及同旺局，配「辛巳、辛酉、庚申」生年人命大吉。

原則上，「子、午、卯、酉」四山各具四正方位及所屬的五行一氣，「子」山被「壬、癸」拱夾，屬北方水局，「午」山被「丙、丁」拱夾，屬南方火局，「卯」山被「甲、乙」拱夾，屬東方木局，「酉」山被「庚、辛」拱夾，屬西方金局，以日課之拱格兼同旺局為主。

筆者繼大師再列出四隅山方拱格日課例子如下：

（一）墳碑坐四隅卦之「乾」山，日課可擇地支有「戌、亥」的四柱，屬土水拱「乾」山格局。可擇於 2031 年 10 月 25 日晚上八時，日課四柱為：

辛亥　年

己亥　月

戊戌　日

壬戌　時

此日課兩組地支「亥、戌」拱「乾」山，二生二洩，是為中和，但天干「辛、己、戊」為土、金，亦大旺「乾」山，配「己亥、辛亥、戊戌」生年人命大吉。

（二）墳碑坐四隅卦之「艮」山，日課可擇地支有「丑、寅」的四柱，屬土木拱「艮」山格局。可擇於2033年陽曆2月7日早上4時，日課四柱為：

癸丑 年
甲寅 月
己丑 日
丙寅 時

此日課地支「丑、寅」拱「艮」山，雖屬拱格，但早上四時安碑立向，少不免不甚方便，可改擇於早上八時正，日課四柱為：

癸丑 年
甲寅 月
己丑 日
戊辰 時

雖日、時「丑、辰」不拱「艮」山，只得年、月支拱坐山，但月、日天干「甲、己」合土，日、時「丑、辰」亦屬土，拱格兼旺局，大旺「艮」山，適合選配「己丑、戊辰」生年人命。

（三）墳碑坐四隅卦之「巽」山，日課可擇地支有「辰、巳」的四柱，屬土火，拱「巽」山格局。可擇於 2024 年陽曆 4 月 10 日早上八時正，日課四柱為：

甲辰　年
己巳　月
甲辰　日
己巳　時

此日課雙飛蝴蝶格，兩組「甲己」天干合土，地支兩「巳」火支生「辰」土支，火土甚旺，雖「辰、巳」拱「巽」木山，然而火土之氣大洩「巽」木山之氣，以五行氣而論，此日課皆不適宜使用。但我們可擇屬水木之天干日課，以補「巽」山之木氣。

今另擇於 2025 年陽曆 5 月 23 日早上八時正，日課四柱為：

乙巳 年
辛巳 月
壬辰 日
甲辰 時

此日課例子，地支亦是「辰、巳」拱「巽」山，雖洩「巽」山之木氣，但年、日、時天干「乙、壬、甲」屬水木，可補日課地支沒有出現的木氣，此日課皆適宜使用，這就是擇日的技巧。

（四）墳碑坐四隅卦之「坤」山，日課可擇天干有「未、申」的四柱，屬土金，拱「坤」山格局。

可擇於 2039 年陽曆 8 月 17 日下午四時正，日課四柱為：

己未 年
壬申 月
辛未 日
丙申 時

日課兩組地支「未、申」，五行為「土」金，拱「坤」土坐山，五行中和，天干「己」年之貴人到日課本身月、時之「申」支上，「己」干及兩個「未」支，共有三個土，日課之日、時天干「丙、辛」合水，因地支有「未」土剋水之故，所以化而不合。但無論如何，此拱「坤」山之日課可使用。

原則上，「乾、艮、巽、坤」四山各具四隅方之所屬五行，在拱格日課來說，各有其左右拱夾所屬五行之山，筆者繼大師列之如下：

「乾」山側為「戌土、亥水」，「戌」土生「乾」金，「亥」水洩「乾」金，一生一洩。

「艮」山側為「丑土、寅木」，「丑」土同旺「艮」土，「寅」木剋「艮」土，一剋一同旺。

「巽」山側為「辰土、巳火」，「辰」土被「巽」木所剋，「巳」火洩「巽」木，一洩一被剋，故取此拱格日課時，天干需要出現「甲、乙」木，或「壬、癸」水，得五行之生助或同旺，方能完備。

「坤」山側為「未土、申金」，「未」土同旺「坤」土，「申」金洩「坤」土之氣，一同旺一洩也。

在廿四山中，單以十二地支計算，去除天干及四隅卦來說，亦可選擇地支拱地支之拱格日課，但日課地支拱坐山地支，當中夾雜了天干及四隅卦，我們選擇日課，只要計算地支就可以。如：

（一）「亥、壬、(子)、癸、丑」——亥壬、癸丑拱子，選擇日課以「亥、丑」拱「子」計算。

（二）「子、癸、(丑)、艮、寅」——子癸、艮寅拱丑，選擇日課以「子、寅」拱「丑」計算。

（三）「丑、艮、(寅)、甲、卯」——丑艮、甲卯拱寅，選擇日課以「丑、卯」拱「寅」計算。

（四）「寅、甲、(卯)、乙、辰」——寅甲、乙辰拱卯，選擇日課以「寅、辰」拱「卯」計算。

（五）「卯、乙、(辰)、巽、巳」——卯乙、巽巳拱辰，選擇日課以「卯、巳」拱「辰」計算。

（六）「辰、巽、(巳)、丙、午」——辰巽、丙午拱巳，選擇日課以「辰、午」拱「巳」計算。

（七）「巳、丙、午、丁、未」── 巳丙、丁未拱午，選擇日課以「巳、未」拱「午」計算。

（八）「午、丁、未、坤、申」── 午丁、坤申拱未，選擇日課以「午、申」拱「未」計算。

（九）「未、坤、申、庚、酉」── 未坤、庚酉拱申，選擇日課以「未、酉」拱「申」計算。

（十）「申、庚、酉、辛、戌」── 申庚、辛戌拱酉，選擇日課以「申、戌」拱「酉」計算。

（十一）「酉、辛、戌、乾、亥」── 酉辛、乾亥拱戌，選擇日課以「酉、亥」拱「戌」計算。

（十二）「戌、乾、亥、壬、子」── 戌乾、壬子拱亥，選擇日課以「戌、子」拱「亥」計算。

筆者繼大師現列出十二地支坐山拱格日課例子如下：

（一）「亥、丑」拱「子」山，去除「乾、壬、癸、艮」計算，只取排列地支，日課擇於 2033 年陽曆 11 月 10 日晚上 10:00pm，日課四柱為：

癸丑 年
癸亥 月
乙丑 日
丁亥 時

此日課地支亦是雙飛蝴蝶格，兩組「丑、亥」拱「子」山，日課年、月「癸」天干之祿在「子」山被拱，半聚祿格、雙飛蝴蝶格兼拱格。「丑、子、亥」北方會水局，「子」山安碑立向，大旺也。

(二)「子、寅」拱「丑」山。去除「壬、癸、艮、甲」計算，只取排列地支，日課擇於 2034 年陽曆 12 月 12 日晚上 11:30pm，日課四柱為：

甲寅 年
丙子 月
壬寅 日
壬子 時

此日課地支「寅、子」拱「丑」山，為「甲」太歲年干之貴人地支，「甲」祿在年、日「寅」支上，除拱格外，其餘各五行氣沒有特別生旺「丑」山，一般之日課也。

（三）「丑、卯」拱「寅」山。日課擇於 2036 年陽曆 1 月 11 日早上 06:00pm，日課四柱為：

乙卯　年
己丑　月
丁丑　日
癸卯　時

此日課地支「卯、丑」拱「寅」山，天干只得「癸」水時干生「寅」木，日課「乙」年干之陽刃到「寅」，年、時之「卯」與「寅」支雖同屬木，但「卯」支為「寅」木之刼財，因是拱格，以「寅」山為尊，故不為忌，一般之日課而矣。

（四）「寅、辰」拱「卯」山。日課擇於 2036 年陽曆 2 月 17 日早上 08:00am，日課四柱為：

丙辰 年
庚寅 月
甲寅 日
戊辰 時

此日課「辰、寅」拱「卯」山，「寅」支為「卯」山之刼財，雖日課「甲」日干之祿到「寅」，但陽刃到「卯」山，因是拱格，以「卯」山為尊，故不為忌也。天干月、日、時為天上三奇「甲、戊、庚」，可配「辛未、辛丑」年命生人，大吉之貴人格也。

（五）「卯、巳」拱「辰」山。日課擇於 2037 年陽曆 3 月 8 日早上 10：00am，日課四柱為：

丁巳 年
癸卯 月
己卯 日
己巳 時

此日課「巳、卯」拱「辰」山，年、時兩「巳」火支及「丁」火年干生旺「辰」山，但月、日兩「卯」支剋「辰」山，慶幸日課日、時兩「己」干土與「辰」山同旺，因是拱格，以「辰」山為尊，總算是大吉的日課，配以「丙辰、戊辰」年命生人大吉。

（六）「辰、午」拱「巳」山。日課擇於 2026 年陽曆 4 月 12 日正午 12:00pm，日課四柱為：

丙午　年
壬辰　月
丙辰　日
甲午　時

此日課「午、辰」拱「巳」山，年、日兩「丙」干之祿亦到「巳」山，雖年、時兩「午」支為「巳」山之劫財，因是拱格，故不為忌，配以「丙辰、丁巳」年命生人大吉。

（七）「巳、未」拱「午」山。日課擇於 2027 年陽曆 5 月 16 日早上 10:00am，日課四柱為：

丁未 年
乙巳 月
乙未 日
辛巳 時

此日課「未、巳」拱「午」山，月、日兩「乙」木天干生旺「午」山，日課「丁」年干之祿在「午」山，拱歲祿，雖然「丁」年干之陽刃在月、時「巳」支上，因為「未、巳」拱「午」山，所以不作陽刃看。日課拱「午」山而成拱會火局，配以「丙午」生年人命大吉。

（八）「午、申」拱「未」山。日課擇於 2028 年陽曆 6 月 28 日正午 12:00pm，日課四柱為：

戊申 年
戊午 月
甲申 日
庚午 時

此日課天干三奇「甲、戊、庚」，貴人到「丑、未」支，剛好日課兩組「午、申」地支拱「未」山，本身為拱貴大格，是非常好的格局，兼且安碑立向修造「未」山，若配以「乙未」祭主人命生年，則「乙」干之貴人到日課兩「申」支上，日課「午、申」地支拱「未」人命，極佳之配搭。

（九）「未、酉」拱「申」山。日課擇於2029年陽曆7月18日下午2:00pm，日課四柱為：

己酉 年
辛未 月
己酉 日
辛未 時

此日課「未、酉」支拱「申」山，為雙飛蝴蝶格，日課天干「己、辛」及地支「未、酉」為土金，大旺「申」山，兩「辛」之祿在「酉」支，「辛」之陽刃在「申」山，但因日課所有地支拱夾「申」支，以「申」為尊，故不作陽刃計算。配以「辛未、辛酉、己酉、己未」人命大吉。

（十）「申、戌」拱「酉」山。日課擇於 2030 年陽曆 8 月 31 日下午 4:00pm，日課四柱為：

庚戌 年

甲申 月

戊戌 日

庚申 時

此日課天上三奇「甲、戊、庚」貴格，地支配以「酉」山，合成「申、酉、戌」地支三會局，大旺西方金，日課「申、戌」拱「酉」山，是非常好的日課。

配以「乙未、己未、乙丑、己丑」生年人命大吉，因天上三奇之貴人全到「丑、未」人命故，「乙、己」人命天干之貴人到日課月、時「申」支上，大吉之日課。

（十一）「酉、亥」拱「戌」山。日課擇於 2031 年陽曆 10 月 2 日下午 6:00pm，日課四柱為：

辛亥 年
丁酉 月
乙亥 日
乙酉 時

此日課配以「戌」山，為地支「酉、亥」所拱，日課本身「丁」月干之貴人到「酉」月、時支，除此之外，日課地支對「戌」山並沒有生助，只有日課日、時「乙」木天干生助「丁」月火干，再生「戌」土坐山，但一般日課以日柱為主力，是一般的日課也。

（十二）「戌、子」拱「亥」山。日課擇於2032年陽曆12月30日晚上10:00pm，日課四柱為：

壬子 年
壬子 月
庚戌 日
丙戌 時

此日課「戌、子」拱「亥」山，年、月天干兩「壬」之陽刃到「子」支上，因同柱及是拱格，故不為忌。對於「亥」山來說，年、月天干兩「壬」之祿到「亥」山，半聚祿格也。配以「乙亥、己亥」生年人命大吉，此日課可取也。

筆者繼大師在 2005 年撰寫《正五行擇日中階》在擇日拱格一章內已說明，雖然不贊成用兩天干拱地支格局的理論，但總有它的好處及特點，使用得宜亦可合於法度，若加上日課天干同旺坐山之五行氣，或生助四隅卦之坐山五行氣即可。

我們選擇日課，非為格局而取，但若知多一些擇日格局，便可作彈性選擇，可廣闊擇日所選擇的範圍，這就是擇日的技巧。

《本篇完》

（五）雙重坐向的擇日方法及原理

繼大師

有一大山的高處地方，有來龍脈氣，左右有砂脈守護，前有朝山，面前有一小平地，是一處藏風聚氣之地。早約六十年前，用石屎建立了一座簡陋及矮小的骨灰龕位，約六英呎深，十英呎闊，面積約六十平方英呎，中間、左及右有龕位建在牆壁上，入口在正中間。

入門後深入約六英呎中間牆壁為主骨灰龕位，正對門口，骨灰龕坐「子兼壬」山，門口向「午兼丙」方，青龍方骨灰龕位為「卯山酉向兼甲庚」，白虎方骨灰龕位為「酉山卯向兼庚甲」。

為了安座家人的骨灰，家屬選了青龍方那邊，這裡牽涉到兩個坐山，筆者繼大師將資料列之如下：

（一）安座骨灰位的坐山為「卯山兼甲」，骨灰龕小屋之大門坐山為「子兼丙」。

（二）安座亡命人為「丙午」年命，祭主為「庚戌」年生人，其他人等為「丑、未、卯、酉」年生人。

因為上位的骨灰龕位於建築物平房屋內，所以要考慮骨灰龕小屋的坐山及骨灰龕位的坐山，綜合所有資料，他們擇日的上位時間為 2023 年陽曆八月十日下午（4：00Pm）

癸卯 年
庚申 月
庚子 日
甲申 時

筆者繼大師分析日課如下：

（一）此日課天干日月兩「庚」一「甲」，雖非天上三奇「甲、戊、庚」，但「庚、甲」之貴人到「丑、未」年命生人。「庚戌」年生之祭主與日課天干日、月兩「庚」同旺。

（二）此日課本身兩「庚」干及「庚戌」生年祭主之祿到「申」月、時地支，加上「子」日支與「申」時支半三合水局，金水旺，生旺骨灰龕平房「子」坐山，日課「庚」日干之祿到「申」時，為日祿到時，金生「子」水坐山。

（三）雖「丙午」亡命正沖骨灰龕平房「子」坐山，但安座亡命之骨灰位的坐山是「卯山兼甲」，水旺生「卯」木坐山；日課「子」日支與「申」時支半三合水局，亦生旺「卯」木坐山。

唯一缺點是「子」日支正沖「丙午」亡命，只有「卯」木坐山生旺「丙午」亡命干支，太歲年支亦是「卯」，加上日課是「甲」時干，至少有兩個木生旺「丙午」火亡命，總算可以轉化，因亡命干支為次要，只要放骨灰龕的坐山干支不與亡者的干支相沖就可以，故這日課可以接受。

骨灰龕小屋的「子」坐山是主龕正面，其左面青龍方安座「丙午」亡命骨灰龕位是「卯」坐山，由於有這兩個坐山的關係，故此擇日安座之日課，兩坐山均要顧及，且要小心選擇。原因是放骨灰龕的小屋地方細小，安座骨灰龕時，必須經過近主龕之正門入口放在其青龍方的龕位內，主龕及正門入口是主宰面前生氣的主要坐向，故「子」及「卯」的坐山也要一同計算。

由於要遷就各方面人士的時間，故擇此日課，亦是權宜之法，使用五行干支去轉化，日課避開沖煞，將煞減至最低，沒有沖煞，就是吉祥。

《本篇完》

（六）屋坐黃泉八煞線度案例

繼大師

筆者繼大師的一位風水同門師兄告訴筆者，他親見一位朋友所發生的真實案例如下：

有「乙巳」生年男命，於 2016 年中，「丙申」年約「癸巳」月入住，大廈新居長方形，南北短，東西長，房、廳窗台向南，若以門口定向，則為坐東向西，長方形的西端為屋之大門口，門為「酉」正線向，天山遯卦與地水師卦界線。

若以大局形勢而定，則為「子山午向」，坐「子」山，為坤卦䷁與地雷復卦䷗界線，正是長方形屋闊長一邊的房窗及廳窗所面向的方向，為「午」方正線向，乾卦䷀與天風姤卦䷫界線，窗台面前開陽無阻礙。

由於所有線度均是黃泉八煞，入住後三年，男「乙巳」命主，於「己亥」年 8 月 24 日腸癌病逝。

三柱日課如下：

己亥 年

壬申 月

癸巳 日

「乙巳」男命在「己亥」年是正沖太歲，干支天尅地沖，屋坐「子」山正線，日課「壬申」月與「癸巳」日地支「申、巳」合水，天干「壬、癸」拱夾「子」山，為屋之形勢大向，時間干支行到拱夾「子」山即亡。

門口向「酉」，左右為「庚、辛」，門坐「卯」，左右為「甲、乙」，剛好屋主為「乙巳」生年，「巳、酉」半三合金局，因「卯、乙」二山貼近，所以「卯」與「乙」干支同應。

「坤」卦䷁為腹，地雷復卦䷗，腸癌而亡，真的依卦象而尅應吉凶，真的有那麼湊巧嗎？

真是一個定數！時也，運也，命也。

所以無論陰陽二宅，切不可犯黃泉八煞線度，大凶之向度，以坐山卦線的向度決定吉凶，配合屋之廿四山坐山干支及人命生年干支，得出尅應日課的干支，這三者之相合，吉凶立應，嗚呼！數之不可避也！

《本篇完》

附圖如下：

門口向西正線

向午正線

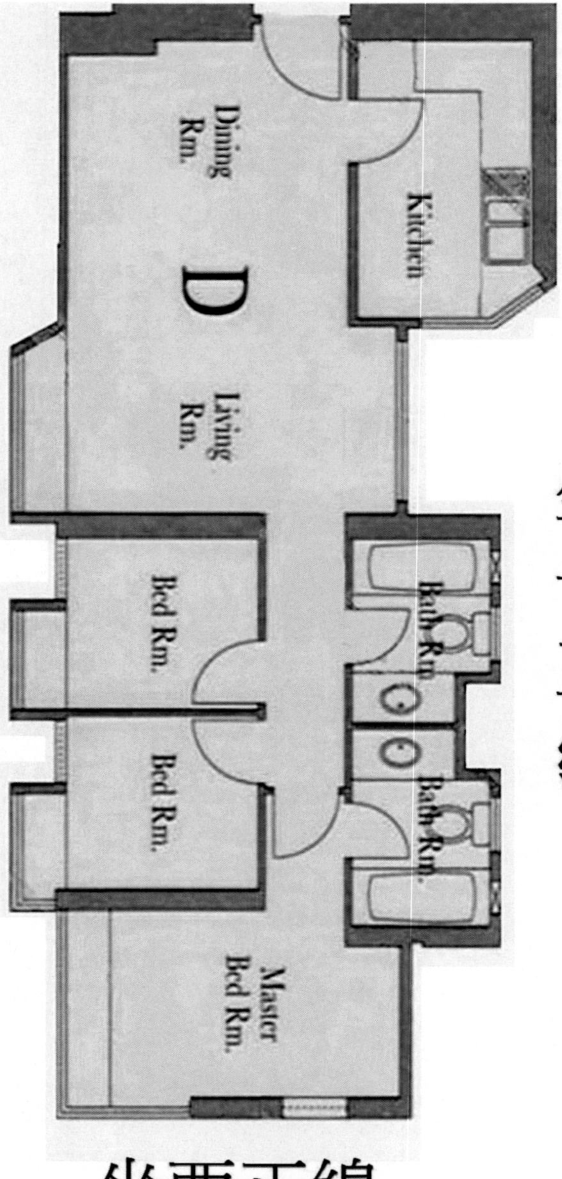

坐子正線

坐西正線

（七）地元一氣的好壞——日全蝕期間的火災、水災日課

繼大師

日課地支相同，稱之為「地元一氣」格局，四柱地支一樣，少不免會有所偏枯，日課地支若與坐山之山命或人命地支相同，則大旺生年人命，若是對沖，則大凶也，是為極端格局，有吉有凶，要使用恰當，擇日用事，頗要小心。

一般人以為地元一氣是非常好的格局，其實是對於某種年命生人是好，對於某種年命生是壞，世事無絕對，擇日扶山相主，要生旺山命、人命干支，始為上策。

今年 2024「甲辰」年，清明節過後是「戊辰」月，適逢陽曆 4 月 10 號星期三是「甲辰」日，若在早上 7 至 9 時是「戊辰」時，正是四「辰」支的地元一氣格局，四柱日課為：

甲辰　年
戊辰　月
甲辰　日
戊辰　時

筆者繼大師分析此日課如下：

日課天干兩組「甲、戊」，為雙飛蝴蝶格，可旺「丑、未」年命生人，因貴人到此兩地支上，地支是地元一氣格，兩格集中於此日課內，日課二木、六土，土氣非常重。

2024「甲辰」年紫白三碧入中，月紫白「寅」月五入中，「卯」月四入中，「辰」月三碧入中，故年月紫白均是三碧入中，順飛到東南方，為二黑到「辰、巽、巳」後天巽宮。

若是陽居、神位，或陰宅坐「辰」山，雖日課四「辰」支生助，然而土氣太盛，年、月紫白二黑同屬土，太過生旺二黑病星，少不免有些凶險。

若在陰宅下葬或安碑擇此種日課，則大旺「辰」山及「辰」年生人，但流年干支行至對沖之「戌」年，後代子孫不能懷孕生子，否則會夭折，因「辰、戌」相沖之故，此日課天干「甲、戊」之貴人到「丑、未」，此兩生年人命亦可相配。

適逢香港時間2024年4月8日23時42分開始，至4月9日4時52分止，北美洲出現日全蝕，整個日食過程時間為5小時10分鐘，看見日偏食的地區，除阿拉斯加州外，有中美洲、美國、格陵蘭及加拿大，中國及香港地區不見。

雖然陽曆4月10號並非日全蝕之日，但對於整個地球都有影響；據新聞報道，日全蝕那天，在美國發生的意外凶險事件特多。

蔣大鴻風水祖師曾説過，日蝕、月蝕等天象時刻，前後七日內，大事勿用。這段期間多處地區亦發生地震，包括日本、台灣等地，及在各地的交通意外特別多，這日全蝕影響地球磁場，無形中造成破壞。

當日全蝕完畢後翌日，出現地元一氣之日課，不幸的是，正當這四「辰」支地元一氣格局日課的時辰一到，在香港九龍佐敦道和彌敦道交界的華豐大廈發生嚴重恐怖的火災，大火發生於陽曆4月10日早上7時53分，在8時54分受到火勢圍繞，10時受到控制，約10時半救熄，大火引致5人死亡，41人受傷，災情悲慘，非常嚴重。

華豐大廈內部建築凌亂，內部四週中間空隙部份，像一三尖八角級咀形的形煞，加上坐「子」向「午」兼「壬、丙」，坐坤卦䷁與剝卦䷖界線之間，向乾卦䷀與夬卦䷪界線之間，南方為天門，是「火燒天門格局」。

此日課四「辰」地支，屋向「午兼丙」，「丙」方沖「辰」支之天德「壬」水，「丙」沖「壬」天德吉神，為向與時辰的沖剋而發生凶災，筆者繼大師從未見過，是另類的一種剋應。

同一日內香港尖沙咀海員之家及新界洪水橋地盤，均發生大火，此日香港剋應三宗火災，「辰」支為水庫，在方位來說，「辰」與「戌」為天羅地網位，貴人不臨。但若天干出現「壬」，則為「辰」支之天德，逢「壬、丁」年之「辰」月，及「丙、辛」年之「戌」月，均為三德齊臨之月，「三德」者，歲德、天德、月德也。

故日課擇「辰」支，雖無貴人，但在選擇日課上，必須天干要有「壬」水天德解救，「戌」支則天干要有「丙」火天德，兩者道理相同，這些均是擇日的常識及技巧，選擇日課須要留意也。

在 2024 年陽曆 4 月 10 日是辰月中第一個出現地元一氣格局的日課，第二個是 2024 年 4 月 22 日，日課四柱為：

甲辰 年
戊辰 月
丙辰 日
壬辰 時

在此日之前兩天，即 2024 年 4 月 20 日甲寅日，廣東珠江流域北江發生百年一遇大洪水，廣東暴雨，水浸湧入街道成急流，所有汽車被沖走，多間房屋倒塌，廣州塔一小時內連續六次接收到閃電，廣州、東莞、肇慶等地出現大範圍雷雨暴雨天氣，4 月 21 日早上，日課四柱為：

甲辰 年
戊辰 月
乙卯 日
庚辰 時

除湛江和粵東部份縣市外，雷雨及黑雲覆蓋着整個廣東，全個廣東省共有70個暴雨、65個雷雨大風預警信號生效，部份河流已出現超警洪水，在清遠，飛來峽水利樞紐溢流壩閘門已全部打開，處於洩洪狀態。

這樣百年一遇的天氣，發生在甲辰年，辰屬龍，又是辰月，「辰」是「申、子、辰」三合水局中之水庫，傳説中龍王主管雨水，加上地球極端天氣之轉變，大部份地區水浸成澤國，4月22日約下午二時，剛好是「丙辰」日，日課四柱為：

甲辰　年
戊辰　月
丙辰　日
乙未　時

三個「辰」支，一個「未」支，廣西西南部與東南部、廣東中南部等部分地區，有八至十級雷暴大風及有冰雹天氣，廣東14個市縣四月份降雨量打破紀錄，多個地區嚴重水浸，街道變河流，真的想不到「辰年，辰月」中有如此的極端天氣。

最後一個出現在2024年陽曆 5月4日，日課四柱為：

甲辰 年

戊辰 月

戊辰 日（四絶日）

丙辰 時

此日為立夏交節的前一日，為四絕日，更是大事不宜，相信尅應一次大火災後，應該不會再次出現，亦希望廣東水災在下個月能恢復正常，這些吉凶禍福，真的很難推算。

大廈的火災，只憑着日期、坐向、發生何種意外等數據去分析，作為參考，但陽居風水中的向煞及形煞，主導了吉凶尅應的意外事件，日課只是尅應的時間，兩者吉凶先後有所分別。

至於百年一遇的廣東水災，發生在「辰年，辰月」，亦難測算，但願人們離苦得樂，脱離凶險，災難不再。

筆者繼大師意想不到的是，最後一個四「辰」支日，又是立夏前一天的四絕日，中國南方一帶地區持續強降雨，5 月 4 日早上 8 點 55 分，香港天文台，2024 年首次發出紅色暴雨警告信號，本港多區強勁雷雨，帶來大雨、雷暴及猛烈陣風，長洲包山棚架被強風吹倒。

將軍澳持續特大暴雨，多處地區水浸，災情嚴重，道路上的汽車全被大水淹沒，路旁護土牆山泥傾瀉，堵塞交通，所有學校下午停課。

香港廣泛地區每小時錄得雨量超過 50 毫米，西貢和將軍澳地區雨勢頗大，截至上午 8 時 40 分將軍澳降雨量已錄得超過 140 毫米。多處停車場淹水，大量汽車浸泡在泥水之中，有駕駛者被迫將車輛停在路中，後自行離去，將軍澳坑口道路旁有大片護土牆山泥傾瀉。

香港天文台 11 點 45 分再發出特別天氣提示，有超強雷雨區在珠江口正逐漸向東移動，香港雨勢持續強勁，後並發出黑色暴雨警告信號。

九巴上午 9 點宣布，寶琳北路近馬油塘一段來回行線全線封閉，銀影路至清水灣、寶琳一段暫停服務。將軍澳賽馬會普通科門診及西貢方逸華普通科門診診所，因嚴重淹水，服務提供有限。

真的人算不如天算，「甲辰」年，「戊辰」月，「戊辰」日，「丙辰」時，全年的最後一個四辰日支兼四絕日，還是帶來暴雨災害，劫數難逃是也。

《本篇完》

（八）破日的遭遇

繼大師

有一友人，去做身體檢查，因膽固醇高了0.6，醫生推介他去見一位身兼營養師的醫生，醫生建議他每周吃四餐魚類食物，原本他不喜歡吃魚類海鮮產品，他見完營養師後，漸漸開始吃魚類產品。

過了九個月後，有一天，他中午在餐廳吃飯時，叫了淡水鯇魚套餐飯吃，餐廳給了他一條鯇魚尾，他平時已經習慣很小心吃，恐怕哽塞魚骨，但還是一個不留神，在入口時沒發覺有魚骨，正當他一吞下肚時，感覺有魚骨卡在喉嚨內，但已經來不及吐出。

卡了魚骨在喉嚨之後，感覺有輕微痛楚，友人心想是否會入醫院施手術把魚骨拔出來呢！後果可以很嚴重，於是通知餐廳伙記，問他們如何解決，有伙記拿了白飯來，建議將白飯塞入口吞下，把喉嚨內的魚骨強吞塞入食道內，如是者十多分鐘後，仍未能除掉魚骨。

剛好這餐廳的一位廚師在附近，見到友人的情況，告知他有辦法解決，二話不說，立刻進入一儲物室，取出一支純白醋，倒了小半杯份量給他喝，說白醋有軟化魚骨的作用，容易將魚骨吞入食道內，友人前後喝了三口白醋，感覺有頗濃的酸味，友人再郁動口腔內的肌肉，強行把魚骨吞下，掙扎了數分鐘後，終於能移除了魚骨，吞入胃中，真是不幸中之大幸，這時他才鬆了一口氣。

餐廳廚師對他說，吃魚第一少骨是魚腩，第二少骨是魚身，最多魚骨是在魚尾，在一個不習慣吃魚的人來說，吃魚尾是最容易哽骨的，但友人這次已經是非常小心吃的了，真不明白怎會緣無故便梗塞魚骨，他翻查日課，當日是 2023 年 12 月 5 日未時，剛好是歲破日，四柱八字如下：

癸卯 年
癸亥 月
丁酉 日
丁未 時

這日課年、月「癸」干，日、時「丁」干，為雙飛蝴蝶格，可惜天干「癸」水剋「丁」火，「酉」日為歲破日，「未」時為年、月三合時，雖不能全合，但因「未」時填實了三合木局，使「酉」日支完全被沖破，他坐的餐廳位置剛好是坐「癸」向「丁」，與出事日課的天干完全相同，在羅盤廿年四山中之「丁未」及「癸丑」方亦是雙山雙向，剋應的時間及方向均是相同，非常之巧合。

日課日、時「丁」干之貴人在「酉」日支。他為「未」生年，喝白醋化解魚骨，白醋屬酒類，屬水，可通關，亦有「酉」的成份，為金生水，水生木，總算化解了一些可大可小的凶險，無妄之災，真的意想不到，全在一個「數」字！

《本篇完》

（九）日課月破時柱的選擇

繼大師

一般擇日用事，不擇破時，破時有「歲破時、月破時、日破時」等，若是使用歲破時或月破時，只要日支與時支成六合，則日支就是解神，可以避免破時出現的不良效果。筆者繼大師舉例子如下：

例如造葬安碑，「坤山艮向」，祭主為「己未」年生，擇於 2023 年陽曆 12 月 27 日農曆十一月十五，四柱八字為：

癸卯 年
甲子 月
己未 日
庚午 時

筆者繼大師分析日課如下：

(一)此日課月、日天干為「甲、己」合土，天干坐下為「子」水月支及「未」土日支，地支沒有木來剋土，故天干「甲、己」可合土。

(二)「庚」時干隔着「己」日干，故「庚」干並非「甲」月干之七煞，故「庚」時干不剋「甲」月干，反而「甲、己」合土後再生「庚」時干，土生金也。

(三)若是配「甲」坐山，「庚」時干就是有一個七煞，純粹一個天干來剋山是可以的，但這日課月、日「甲、己」合土干生旺「庚」金時干而使之大旺，則不宜相配。

(四)日課日、時「午、未」合日月，為火土重，故洩「甲」山之氣，更是不宜使用，但可用於「坤、艮、未」之土山，「辰、戌」次之，「丑」山則沖日課之「未」日支，不能用，配「己未」人年命則大吉。

(五)日課「午」時支雖是月破時，但「未」日支合「午」時支，並在位置上是隔開「子、午」支，「未」為「午」之解神，故時辰不為破也。

（六）「庚」時干及「甲」月干之貴人到「未」日支，「己」日干之祿到「午」時，時辰為日祿歸時，「癸」年干之祿到「子」月支，「癸」年干之貴人到本身歲支「卯」上，地支「午、未」火，生「甲、己」合土干，論日課，不過不失。

此日課若配「乾」金坐山則平平，雖因天干「甲、己」合土後再生「庚」時干而旺「乾」金坐山，而且「乾、亥」是廿四山中之雙山組合，但日課雖沒有「丙、丁」天干，「乾」山無貴人到，日課地支「午、未」火土生「乾」金坐山，此日課配「乾」山及配「己未」人年命是可用的。

此日課唯一的缺點是「子」月支及「癸」年干屬水，會洩「乾」山之金氣，「乾」山金亦剋太歲「卯」支，略洩其金氣；但日課八個字之中有五個字是吉的，其餘三個亦不甚差，故選擇日課，並非一定要八個字全吉，權宜之計，可用日、時干支相就，避開沖剋坐山及祭主人命生年即可。

若此日課配以「庚」金山，差不多與「乾」山相同，但日課之「庚」日干與「庚」山之貴人同到日課之「未」日支，故日課配「庚」山較配「乾」山為好。

若擇於同日之「申」時，四柱八字為：

癸卯 年
甲子 月
己未 日
壬申 時

日課「己」日干之貴人到「申」時支，配「庚」山則「庚」祿亦到「申」時支，但「壬」水干洩「庚」山之金氣，這日課雖非月破時，但只得四個字（甲己、未、申）旺「乾」或「庚」山，故此擇「庚午」時雖然是月破時，但比起擇「壬申」時較好一些。若能熟讀各種干支的關係，在選用時辰上就可以作清晰的選擇，這就是擇日選時的技巧。

《本篇完》

（十）黑色暴雨的日課

繼大師

在2023年9月7日，香港因受到低壓槽影響，加上颱風蘇拉過後，帶出大量雨雲，廣泛地區持續大雨，天文台於當晚11時5分，發出黑色暴雨警告。於9月8日清晨約5時半宣佈，香港因為出現極端天氣，將會出現廣泛地區水浸，等同八號風球生效一樣。

據天文台報道，港島、新界部份地區於9月8日過去24小時錄得超逾600毫米雨量，等同全年雨量約四分之一，天文台於9月7日由下午11時至午夜12時，錄得一小時雨量為158毫米，是自1884年有記錄以來的最高紀錄，因此暴雨成災。

全港新界、九龍、港島等多處地方水浸，交通停頓，黃大仙、將軍澳成重災區，黃大仙地鐵站內水浸，彌敦道、窩打老道成澤國，有人被洪水沖倒。筲箕灣耀東邨暴雨下山泥傾瀉，石澳道山泥傾瀉，封鎖了道路，不能出入，居民因此在一段時間內捱餓，紅山半島亦發生山泥傾瀉，因多間豪宅涉及僭建而引致意外，險成危樓。

醫管局指出，截至 2023 年 9 月 8 日 11 時 15 分，黑雨期間至少 95 人受傷入院，4 人嚴重，25 人穩定，39 人已出院。

於 9 月 7 日由下午 11 時至午夜 12 時，為下雨量最大，其日課四柱為：

癸卯 年

庚申 月

戊辰 日

甲子 時 （夜子時）

在正五行擇日法中，此日課是成格成局的，月、日、時天干逆排天上三奇「甲、戊、庚」，雖非純格，因歲干夾雜了「癸」，但地支「申、辰、子」合水局，因沒有「丑、未」貴人地支出現，故只是純水支的格局，水局剋應了百年一遇的大雨，真是奇哉！

筆者繼大師認為，這日課雖是落下極大雨量，但此日課天干有天上三奇，大水災難一定會減至最低，死亡人數亦不多，已經是非常萬幸了，而且災情之善後工作應該會做得好。

這場黑雨期間，亦延至2023年9月8日早子時，日課四柱為：

癸卯 年
庚申 月
己巳 日
甲子 時（早子時）

地支月、日「申、巳」合水及「子」時支亦大旺水，是日剛好交白露，踏入破月，為「癸卯」年，「辛酉」月，「卯、酉」地支相沖；交白露節氣時間為9月8日上午5時27分，剛好在這個時間內，香港天文台發出黑色暴雨警告，為極端天氣，將會出現廣泛地區水浸，等同八號颱風訊號的提示。

通常交節氣前一日，是天地轉換天時之日，天氣多有變化，例如突如其來的大雨、大風、行雷閃電等。「白露」節氣，是二十四節氣中的第十五個節氣，每年大約9月8日左右，天氣開始轉涼，太陽到達黃經165度開始，即為白露；黃經是在黃道座標系統中用來確定星球在天體上的座標位置。

白露就是白色的露水，意思是夜間氣温會較低，空氣中的水氣往往會在草木上凝結成露水，故名「白露」。交節之日課四柱為：

癸卯 年
庚申 月
己巳 日
丁卯 時

日課月、日「申、巳」合水，因是「己」日干土，生「庚」月干金，再生水，所以地支可合水，水旺生木，剋應了香港百年一遇的水災。某些日課對於一些人來說是好，但對於一些人亦會不好，有時日課的五行太專一，即是過於旺盛，為易經在〈乾卦第一〉〈上九日〉（即乾卦☰上爻）所說：

「亢龍有悔。何謂也。子曰。貴而無位。高而無民。賢人在下位而無輔。是以動而有悔也。」

在這次水災中，慶幸者就是傷亡人數不多，不幸中之大幸也，但願地球極端天氣消失，人們能過一些正常生活。

《本篇完》

（十二）四絕日的遭遇

繼大師

友人因電話電池殘舊，去了修理電話陳先生的地舖，剛好沒有貨，電池需要下週二下午二時後始到，於是約定了該日回來更換。到了當日，友人發覺是日為四絕日，為立冬交節日之前一天，他也懂得一些擇日常識，心想是否會有些阻滯呢！並認為此事是小事，因沒有這地舖的電話，故此不能聯絡，打算最多走多一次吧！

「四絕日」是地球傾斜 23 度半，環繞太陽公轉時，每年分出二十四個節氣，每個節氣十五度，分出春夏秋冬四季，每一季有九十度，及有六個節氣，是四季的轉捩點。

地球由一季交入另一季，就是「立春、立夏、立秋、立冬」，在這四個節氣中之前一天，名「四絕日」，前季絕，而後季生，中國古人認為有氣絕之意，故大事勿用。

友人覺得四絕日雖然大事不宜，但小事沒有問題吧！殊不知到了店舖，負責人陳先生說還未訂貨，故沒有電池替換，故改兩日後再來更換，友人認為他失信，無可奈何下，只有隔兩天再來。

兩天後友人再去多一次，店鋪修理員兼老闆陳先生始說出因由，原因是他伙記的 50 多歲父親那天突然在街上暈倒，送院後不治，所以伙記請假，沒有訂貨，他的另一位親戚亦在同一日突然離世，兩人同在這四絕日中逝世。行了三次，友人始終把電話電池更換，四絕日真的是不利嗎！巧合還是！

《本篇完》

（十二）選擇入伙安床日課的技巧

繼大師

有一住戶單位，坐丁向癸，男福主「戊辰」年生，預計擇於 2023 年陽曆 12 月 9 日入伙安床，日課四柱為：

癸卯 年
甲子 月
辛丑 日
癸巳 時

男主人略懂一點擇日知識，他認為日課好處如下：

「丑」日合「子」化土，取「巳」時生旺土氣，同旺於「戊辰」祭主，「巳、丑」日月地支亦半六合局，「丑」日亦為祭主之貴人地支，日課「甲」月干之貴人在「丑」日支。

從筆者繼大師的經驗，現將此日課詳細解釋如下：

（一）日課「子、丑」月日支合土，雖有「甲」月干剋土，因水土同宮，故可合化。土旺「戊辰」人命，但洩「丁」山之火氣。

（二）因「子、丑」合土，故「巳」時支不與「丑」日支半三合金，「丁」山之陽刃在「巳」時支，一個不為忌。「戊」人命干之祿在「巳」時支。

（三）日課「甲」月干生「丁」山，但亦剋「戊辰」人命，「癸」年及「癸」時之兩個「癸」天干剋「丁」火，為「丁」山之七煞，為兩個七煞剋山，故不能用。「丁」山剋「辛」日干，洩「丁」山之火氣。

古人入伙，以床及灶頭為首要，人生三份之一時間睡在床上，為居者精神所寄托之處。又食色性也，一日三餐有賴於灶頭生火煮食；現代有部份人有些不同，大多數人出外吃飯，或買飯盒回家吃，但入伙安床仍然為首要，如家中有神位安放，此為心靈信仰所寄托之地方，亦可以用正五行擇日法的日課，去扶助神位之坐山五行干支，及福主出生年命干支，作為入伙日期。

若要擇日入伙安床，則床頭與屋子的坐山最好相同，易於配合擇日之日課，如有安放神位，亦可以神位之坐山五行作為擇日入伙日期。

以上案例，「丁」坐山屬火，入伙要用同旺局或是生助之印局，如木生火等，但福主「戊辰」年屬土，有木剋土之忌，故用同旺局為佳，或日課干支有貴人等局。

「辰」命人在天干中並沒有貴人，但如果日課有「壬」干出現，則為天德也，有代替貴人的功效。

筆者繼大師認為較為適合的日課，可取 2023 年陽曆 12 日 15 日下午二時，四柱八字為：

癸卯 年
甲子 月
丁未 日
丁未 時

筆者繼大師分析此日課如下：

（一）這日課之天干由年至日，為「癸」水生「甲」木，再生「丁」火日干，「丁」時干同旺，助旺「丁」山陽居；日課地支以「未」日、時為主，同屬土，助旺土命福主。

（二）日課「甲」月干之貴人到「未」日、時支，除了年月地支之外，其餘六個字皆合，在這個月內，是較為適合的日課。

因陽宅裝修工程中，完工的時間長短不一，選擇入伙月份的空間不多，只好以日、時之干支去配合屋之坐山及福主生年干支，若能靈活使用，亦是權宜之計。

《本篇完》

（十三）如何選擇結婚日課

繼大師

擇日結婚，必須有新郎新娘的生辰八字，起出命宮、胎元，日課不可沖犯男女方父母之生年。一般人進行結婚形式，是有選擇性的，可有多種，例如：

（一）旅行結婚而不舉辦飲宴酒會，註冊結婚日期另擇，註冊結婚日期前一晚，男女雙方沒有上頭儀式，註冊結婚日之前有過大禮儀式，連旅行出發日子，共有三個日課，包括過大禮、註冊結婚日期。

（二）註冊結婚日期與飲宴酒會擇在同一日，一日內完成，男女雙方上頭儀式在結婚日期前一晚舉行，註冊結婚日之前有過大禮儀式，共有兩個日期。

（三）註冊結婚日期與飲宴酒會日期分開舉行，男女雙方上頭儀式選擇在結婚飲宴酒會日期前一晚舉行，註冊結婚日之前有過大禮儀式，總共四個日期。

（四）最簡單的是沒有過大禮，沒有上頭，沒有晚宴，只是舉行註冊結婚儀式，只擇一個日課。

首先得知男女雙方決定要用何種形式舉行，以此定出擇日結婚的日課，今筆者繼大師以第二種傳統方式擇出結婚日課例子，其程序如下：

日課先擇註冊結婚四柱，配合晚上婚宴、出門接新娘時間、前一晚男女方上頭時間，最後是擇過大禮日期，最好在結婚日期前三個月內進行，一般以結婚前一個多月最適合。

先找出生人年命干支，資料如下：

新郎生於 2000 年陽曆 3 月 15 日上午十時，四柱八字為：

庚辰 年

己卯 月

壬申 日

乙巳 時

新郎之胎元起法：因未到春分，計算胎元以雨水中氣起計，故用「戊寅」月推出胎元，天干進一位為「己」，地支進三位為「巳」，故胎元為「己巳」。

新郎之命宮起法：口訣為「逢卯立命」，以月支及時支逆推尋命宮地支，生月為「卯」月，生時為「巳」時，用十二地支掌訣圖逆推，尋出命宮地支，寅月按「卯」位，卯月按「寅」位，然後取「子」時按「寅」位，逆推至「巳」時，丑時按「丑」位，寅時按「子」位，卯時按「亥」位，辰時按「戌」位，巳時按「酉」位，故命宮為「酉」支。

以生年「庚」干用〈年上起月法〉找出命宮之天干，「庚」年起「戊寅」月，經過「己卯、庚辰、辛巳、壬午、癸未、甲申」後至「乙酉」，故命宮為「乙酉」。

男父 1962 年 8 月「壬寅」年生，男母 1963 年 4 月「癸卯」年生。

注意事項是出生日期如在陽曆一月至二月，則要留意是否在立春之前，過了立春日交節之時間始作準，如在 1962 年陽曆 1 月 1 日至 2 月 3 日出生，未過立春日，不作「壬寅」年生，是為「辛丑」年生人，此點要留意。

女新娘生於 2003 年陽曆 3 月 15 日上午十二時，四柱八字為：

癸未 年
乙卯 月
丁亥 日
丙午 時

新娘之胎元起法：因未到春分，計算胎元以雨水中氣起「寅」月開始算起，故用「甲寅」月起推出胎元，天干進一位為「乙」，地支進三位為「巳」，故胎元為「乙巳」。

新娘之命宮起法：口訣為「逢卯立命」，以月支及時支逆推尋命宮地支，生月為「卯」月，生時為

「午」時，用十二地支掌訣圖逆推，尋出命宮地支，寅月按「卯」位，卯月按「寅」位，然後取「子」時按「寅」位逆推，丑時按「丑」位，寅時按「子」位，卯時按「亥」位，辰時按「戌」位，巳時按「酉」位，午時按「申」位故命宮為「申」支。

以生年「癸」干用〈年上起月法〉找出命宮之天干，「癸」年起「甲寅」月，經過「乙卯、丙辰、丁巳、戊午、己未」後至「庚申」，故命宮為「庚申」。

女父 1965 年 10 月乙巳年生，女母 1965 年 3 月乙巳年生。

因為干支太多，首選男女方生年、胎元及命宮干支為主，雙方父母生干支為次，能遷就則可，若不能遷就，有沖剋生年之人，需要迴避片刻。

綜合所有數據資料，筆者繼大師認為擇日不能沖剋以下干支：

男方：庚辰、己巳、乙酉。　男父母：壬寅、癸卯。

女方：癸未、乙巳、庚申。　女父母：乙巳。

首先擇出結婚日子，選用之日期則視乎雙方意願，筆者繼大師擇一日期為例，註冊結婚日期擇於2024年陽曆4月25日正午十二時，四柱八字為：

甲辰 年

戊辰 月

己未 日

庚午 時

此日課是在註冊結婚簽名時所用，在通勝上看來，並非是大吉之日，為「平日」，筆者繼大師分析此日課如下：

（一）隔干天上三奇「甲、戊、庚」，其貴人到日課本身「己未」日之地支上，亦到新娘「癸未」生年之地支上。日課本身日干「己」祿在「午」時支，為「日祿歸時」。

（二）日課年、月之「辰」地支與新郎「庚辰」生年地支同旺，日課「未」日支與「午」時支合日月，五行火土，生旺男「辰」土年命地支及女「未」土年命地支。

（三）此日課雖非生旺男方父母生年「寅、卯」地支，但並不與他們相沖，雖有「未、午」日、時支洩「寅、卯」木氣，但「甲」年干之祿到「寅」支，可補一二也。此日課「未、午」日、時支同旺女方父母生年「巳」地支，合三會火局。

（四）此日課「未、午」日、時支生旺男女雙方的「巳」支胎元，合三會火局，亦沒有正沖他們的「酉、申」命宮，日課有年、月之兩「辰」土支生旺他們「酉、申」命宮，原則上日課地支沒有正沖就是。

甲辰年在陽曆 4 月 9 號出現日全蝕，前後七日，大事勿用，由 2024 年 4 月 3 日至 2024 年 4 月 15 日，這 13 日內不宜擇日結婚，剛好擇在 4 月 25 日用事，避開日全蝕。

新郎出門接新娘時間為早上七至九時，為了爭取時間，到女方家裏接新娘用「辰」時，日課四柱為：

甲辰 年

戊辰 月

己未 日
戊辰 時

此日課地支全是土，年、月、時三個「辰」支，為隔支三朋格，大旺男命「庚辰」生年。此日課年、月、時「甲、戊、戊」，雖非天上三奇格，但其貴人全聚在日課本身的「未」日支上，亦聚在新娘「癸未」生年地支上，為「聚貴格」。

該日「巳」時回門，「午」時簽名註冊結婚，雖時間緊迫，但一氣呵成。

若擇於前一日晚上，則沒有良好的時辰，前一天之晚上有三個時辰，都不合男女方上頭，茲列出四柱八字如下：

（一）甲辰 年
戊辰 月
戊午 日
壬戌 時 （時支正沖新郎「庚辰」地支。）

（二）甲辰　年
戊辰　月
戊午　日
癸亥　時　（時支正沖新郎「己巳」新娘「乙巳」之胎元，亦正沖女方父母「乙巳」年命。）

（三）甲辰　年
戊辰　月
戊午　日
甲子　時　（夜子時，爲「午」日之破時。）

以上三個時辰的地支都有沖尅，男女雙方上頭時間，權宜之法，可擇於當日凌晨，於2024年陽曆4月25日00:15分時，早子時，四柱八字為：

甲辰　年
戊辰　月

己未日
甲子時（早子時，爲貴人登天門時，可化凶煞。）

此日課與結婚當日同干支，四柱地支沒有沖破，亦沒有沖尅各人，故可取用，唯一的缺點是太晚，故男女雙方需要爭取多些休息時間。

至於過大禮時間，由男方送禮到女方家中，可擇於結婚日期前約一個月左右，若所擇之日課干支有沖尅男女雙方父母的話，父母可以回避一下。現擇於 2024 年陽曆 3 月 18 日中午 12 時，四課四柱八字如下：

甲辰年
丁卯月
辛巳日
甲午時

筆者繼大師分析日課如下：

（一）此日課沒有沖尅各人生年地支，日課地支「卯」木月生「巳、午」日、時火支，生旺新郎「庚辰」及新娘「癸未」土支。

（二）日課「辛」日干之貴人到「午」時支上，為「日貴歸時」；「丁」月干之祿亦到「午」時支上，時辰有祿有貴。日課年、時「甲」干之貴人到新娘「癸未」支上，兩「甲」干之祿到男父生年「壬寅」支上，日課「卯」月支與男母生年「癸卯」支同氣，可助旺。

（三）日課「辛巳」日之天干貴人到男父生年「壬寅」支上，「巳」日地支亦與女父母生年支及男女胎元「巳」地支相同，可助旺。

（四）雖然日課「丁卯」月地支沖尅男「乙酉」命宮，因為是月支，故力量輕微，擇日以日課之日柱為主。通常過大禮日子送禮，並非由新郎親自送到女家，一般或由親戚朋友代送。

擇日結婚日課，格局非常多，找出新娘、新郎生年干支去配合，避開沖剋，得五行氣及吉神相助，做事正路，但求心安，則諸事大吉。為了易於推算，十二地支掌訣必須熟記，今附上地支掌訣圖如下：

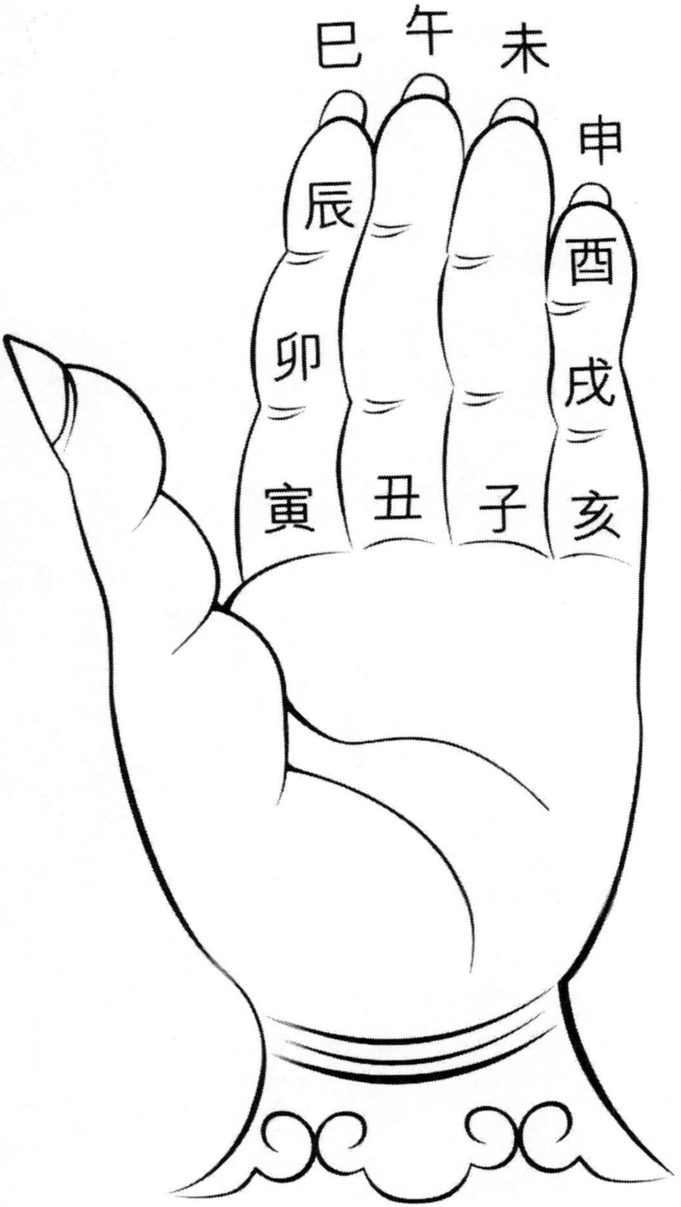

《本篇完》

（十四）如何選擇安座寺廟內的骨灰龕位日課

繼大師

有一位親戚朋友的母親過世，為「辛未」亡命生年，火化後的骨灰，將與亡夫同放在一骨灰龕位內，龕堂在一寺廟的房間中，房子大門坐坤向艮，龕位坐巽向乾。若論擇日安座，則以扶助安放骨灰龕位五行屬木之「巽」山為主，龕堂房子坐向，可以不用理會。

陽居親戚生年干支為：「辛丑、癸卯、庚辰、丁未、戊申。」日課地支要不沖以上年支，所以不擇「未、丑、酉、戌、寅」。

因為廟宇的規定，只定出六日之「巳、午、未」時，作為骨灰龕上位安座時間，日子為：2023年陽曆3月4日，3月7日，3月9日，3月14日，3月20日，3月27日。

除3月4日是屬於外「丙寅」月外，其餘日課為「丁卯」月，因「丙寅」月沖「戊申」生年人命，故應取「丁卯」月內之日課。

以上六個日課，若以「巳」時用事計算，筆者繼大師列出其四柱八字如下：

（一）2024 年陽曆 3 月 4 日上午十時，日課四柱八字為：

甲辰 年
丙寅 月 （沖戊申人命）
丁卯 日
乙巳 時

日課雖「乙、丙、丁」地上三奇格局，地支「寅、卯、辰」三會東方木局，因「丙寅」月正沖「戊申」人命，地支木氣非常強，三會木局沖「戊申」人命，易有損傷，故不取。

（二）2024 年陽曆 3 月 7 日星期四上午十時，日課四柱八字：

甲辰年
丁卯月
庚午日
辛巳時

此日課地支「卯」月木支生「午」日火支，加上「巳」時火支，火氣大旺，會洩坐山「巽」木之氣，雖不沖人命生年，但仍不可取。

（三）2024 年陽曆 3 月 14 星期四日上午十時，日課四柱八字如下：

甲辰年
丁卯月
丁丑日
乙巳時

此日課「丁丑」日支正沖「丁未」生年人命，日課「丑」日「巳」時邀拱「酉」支三合金局，正沖「卯」月支，日課本身為「邀沖格」，亦暗沖「癸卯」年命生人，「丑、巳」日、時支半三合金局，金尅「巽」木坐山，故不取。

（四）2024 年陽曆 3 月 20 日上午十時，日課四柱八字如下：

甲辰 年
丁卯 月
癸未 日
乙巳 時

此日課「癸未」日正沖「辛丑」生人年命，故不取。

（五）2024 年陽曆 3 月 27 日上午十時，日課四柱八字如下：

甲辰年
丁卯月
庚寅日
辛巳時

此日課「庚寅」日日正沖「戊申」生人年命，故不取。

（六）最後一個日課為2024年陽曆3月9日星期六上午十時，日課四柱八字如下：

甲辰年
丁卯月
壬申日
乙巳時（貴人登天門時）

日課之好處筆者繼大師分析如下：

（一）此日課沒有沖尅各年命生人，日課「申、巳」日、時支六合化水局，生旺「巽」坐山，「乙」時干之貴人到「戊申」生年命支，「乙」時干之祿到「癸卯」生年命支。

（二）日課「甲」年干之貴人到「辛丑」生年命支，及到「丁未」亡命支。日課3月9日，未到春分，但過了雨水中氣，為「亥將」管月令，「壬」日之「貴人登天門時剛好在「巳」時，能除諸煞也，故在這六個日課當中，是較為最好的。

以上例子當中，若要配合寺廟的規定時間，在日課的選擇上是很有限的，我們必須逐個日課列出，配合人命生年及坐山，選出最適當的日課，避開各年命生人及亡命地支的沖尅，生旺坐山，那就是最好的選擇。

《本篇完》

（十五）佛寺開光的日課

繼大師

有一間佛寺，其來龍高聳，由超過九百米的祖山落脈，來龍有收窄放闊，左右伸出肢爪，到一主峰，現出土金形星峰，左右開踭，中間落脈，在高處抛了數個星辰，在一土金形星之前，突然出現一塊大平地為唇托，緊貼星辰處，就是佛寺大殿。

大殿內明堂頗深，左倒右水，白虎砂橫高，兜收左方來氣，為下關逆水砂，遠處青龍砂高而有情，前方遠處有羅城及特朝土金形山峰，樣樣齊備，子山午向，所欠缺者，就是橫欄一案，是高結中之盡結，非常清貴。

因寺廟翻新多年，預計日期 2024 年甲辰年陽曆 6 月 1 日巳時，舉行開光大典，主持人為「庚戌」年命生人，配合寺廟子山午向，日課四柱為：

甲辰 年
己巳 月
丙申 日
癸巳 時

此日課年、月天干「甲、己」合土，地支亦火土，日課「己」月干之貴人到「申」日支，「癸」時干之貴人到月、時之「巳」支上。地支「巳」月、時與「申」日雖為爭合六合水，因年、月天干「甲、己」合土，所以「巳」時支與「申」日支成六合水較為合理，干支為年、月一組，日、時一組。

昔逢主持「庚戌」年命生人天剋地沖「甲辰」年太歲，日課年、月天干「甲、己」合土而生助「庚戌」年命生人，「戌」人命之天德吉星在日課「丙」日支上，雖生人年命沖太歲，此日課仍可使用。

後來因為寺廟裝修工程未能及時完工，故開光大典另擇吉日。因為要看裝修工程的進度而定，故必須預先選擇兩個日子。

第一個日期為 2024 年陽曆 7 月 28 日未時，星期日，配「庚戌命，子山午向」，日課四柱：

甲辰 年
辛未 月
癸巳 日
己未 時

此日課看似平平無奇，但若仔細研究，有很多好處，筆者繼大師列之如下：

（一）日課「甲」年干之貴人到「未」月、時支。「甲」歲干是陽木，地支「亥、卯、未」三合木局，故此「未」以「甲」歲干為天德，因坐太歲，故亦為歲德，「未」月為月德，故「甲」年以「未」月為三德齊臨之月，三德者，天德、歲德、月德，此月支大吉也。

（二）「庚戌」年命生人雖犯太歲，但日課「未」月、時支為坐下貴人，日課「癸」干坐下「巳」支亦為貴人，日課「未」時亦以「甲」年干為歲德及天德，連「未」月令共有五個「三德」。

（三）唯一的缺點是「子」支坐山絕於「巳」，慶幸日課「癸」干之祿在「子」山，故可使用。

最後改開光大典日期為 2024 年陽曆 7 月 11 日未時，星期四，配「庚戌」命，子山午向」。

日課四柱：

甲辰 年
辛未 月
丙子 日
乙未 時 （貴人登天門時）

筆者繼大師分析日課如下：

（一）此日課同是「未」月，為三德齊臨之月，同上例一樣用「未」時，擇於「丙子」日，「丙」干為「戌」人命地支之天德，以補「戌」命支沒有貴人的缺陷，亦減輕「庚戌」人命沖「甲辰」太歲的沖尅。

（二）日課「子」日同旺「子」山，「庚」人命干之貴人到日課之月、時「未」支上。

（三）2024年陽曆6月21日夏至，至2024年陽曆7月22日大暑止，此段時間，夏至後「未」月將當令，2024年陽曆7月11日未時為「丙子」日，在「未」時為「貴人登天門時」，亦稱為「神藏煞沒時」，凶神受制名「煞沒」，吉神得地名「神藏」，貴人得天門「亥」位，可化六煞，大吉之時辰。

我們擇日，以天乙貴人、祿馬、三德（歲德、天德、月德）、貴人登天門時、天地人三奇等吉神輔助，再以干支的正五行扶山相主，避開凶神、三煞、五黃、二黑、都天、都天夾煞、土王用事、土符、土府、天罡、地沖、空亡……等，這就是正五行擇日法的技巧訣法，一切並能吉祥如意。

擇日以上眾例而言，或因當事人安排、工程快慢、開工人數、天時等種種問題，用事日期或會有變數，尤其是颱風天氣，更難預測，權宜之法，就是多擇一兩個日子，作出應變，以防萬一，使更圓滿。

《本篇完》

（十六）如何選擇墓園安葬骨灰日課

繼大師

茲有男命「乙巳」生年，安葬外父於墓園內，擇於 2024 年「甲辰」年年頭或年中，其資料如下：

亡男命「丙戌」年生，「壬」山（坐水地比卦），未亡人「乙酉」年生，女兒「壬子」年生，女婿「乙巳」年生。

以擇日不沖生年人命為重，故不選「辰、卯、午、亥」日支安葬，當我們選擇月令時，應當留意是否有沖尅，若擇年頭月份，可選擇的月份不多。「甲辰」年太歲干支與亡男命「丙戌」生年干支天尅地沖，除非明年（乙巳年）安葬，否則是難所避免的；雖蔣大鴻風水祖師曾說過「死者已矣」，並認為對葬者沒有關係，但有時亦會有例外，影響後人吉凶，宜小心為妙。

在「甲辰」年中，農曆正月起「丙寅」，二月起「丁卯」，三月起「戊辰」，四月起「己巳」干支，五月起「庚午」。「丙寅」正月是新春頭，視乎葬者家屬需要，始選擇用事。

農曆二月「丁卯」正沖「乙酉」未亡人，不吉。三月「戊辰」正沖「丙戌」亡命，可擇「酉」日與「辰」支合金，但要小心使用。農曆五月「庚午」正沖「壬子」生年命支，故只有四月「己巳」干支較為適合。

以下有兩個日期可選用，筆者繼大師列之如下：

第一個日課為 2024 年陽曆 2 月 27 日星期二，上午八時，（07:00am 至 09:00am）農曆新春正月，日課四柱八字如下：

甲辰　年

丙寅　月

辛酉　日

壬辰　時（貴人登天門時）

此日課筆者繼大師分析如下：

（一）此日課「辰、寅」年、月地支拱「卯」，三會木局，而拱「卯」沖「酉」日支，辛日課「酉、辰」日、時支六合金局，而五行得以平衡。日課日、時兩柱地支合金局生旺「壬」水坐山。

（二）日課年、月地支雖不利「乙酉」生年人命，但日課「壬辰 」時為「貴人登天門時」，是大吉時辰，可化解凶煞，日課「辛」干為「乙」命人之七煞，一個不為忌。日課「丙」月干之貴人到「酉」日支及未亡人生年支，故此日課可使用。

日課若取同日上午十時，(09:00am 至 11:00am) 日課四柱八字如下：

甲辰 年
丙寅 月
辛酉 日
癸巳 時

此日課與上例差不多，只是「巳」時支與「酉」日支半三合金局，亦可生旺「壬」水山。

第二個日課取 2024 年陽曆 5 月 8 日星期三，上午十時，（07:00am 至 09:00am）日課四柱八字如下：

甲辰 年
己巳 月
壬申 日
乙巳 時

筆者繼大師分析此日課如下：

（一）此日課之月、時「巳」支與「申」日地支爭合，正因為日課年、月「甲、己」天干合土，「辰、巳」地支雖拱「巽」山，但對「壬」山沒有作用，所以按道理說，應該日、時「申、巳」可六合化水局也。

（二）日課年、月「甲、己」天干合土，雖尅「壬」山，但因日、時「申、巳」六合化水局，加上日干為「壬」水，日課以日干支為重，所以對於整個日課扶助「壬」山來說，是沒有構成尅「壬」山的成份。

若擇於「戊辰」月落葬，則遜色一些。本來日課「甲辰」年「戊辰」月支沖「丙戌」亡命支，所以擇「酉」日與「辰」月合金，減少一個「辰」支沖「戌」亡命支之忌，故「酉」支為「戌」支之解神。「辰、酉」合了金後而洩「戌」土亡命之氣，但因為日課可生旺「壬」山，加上「戊辰」月沒有沖剋各家人成員，故不忌也。

但在「辰」月擇「酉」日，剛剛適逢「日值土符」，為避免沖犯土煞，故不宜動土安葬。例如下列日課：

（一）2024 年陽曆 4 月 15 日星期一下午四時，日課四柱八字如下：

甲辰　年
戊辰　月
己酉　日（日值土符）
壬申　時

（二）2024 年陽曆 4 月 27 日星期六下午四時，日課四柱八字如下：

甲辰 年
戊辰 月
辛酉 日（日值土符）
丙申 時

看來奇怪，但逢在「辰」月擇「酉」日，本來想使「辰、酉」能合金而能生旺「壬」山，但擇於「酉」日，則必逢日值「土符」之神煞，不利於動土及安葬，為免犯上土煞，在擇日的應用技巧上宜加倍小心。

綜合以上所論，以第一個日課 2024 年陽曆 2 月 27 日星期二，上午八時，及第二個日課取 2024 年陽曆 5 月 8 日星期二，上午十時，較為適合。選擇日課，能避開凶煞，得吉神加臨，可邀福也。

筆者繼大師在此説明，日課雖吉，尅應快，約葬下至半年得福，但長遠計算，吉凶最終決定於墳墓的形勢及向度為重，日課屬於助緣。

繼大師註：春秋後期晉國宮廷中的盲人樂師名「師曠」著《禽經》曰：「鸞，瑞鳥，一曰：雞趣。首翼赤曰：丹鳳，青曰：羽翔，白曰：化翼，元曰：陰翥，黃曰：土符。」土符居中，其煞如五黃、都天、都天夾煞等，屬於凶神，不利於動土、安葬、安碑。

赤即南方「丹鳳」，青即東方「羽翔」，白即西方「化翼」，元（玄）即北方「陰翥」，黃即中土「土符」。

《本篇完》

（十七）工業意外日課

繼大師

於2024年陽曆2月20日下午接近五時，香港九龍啟德澐璟地盤發生工業意外，地盤有棚架倒塌，導致3人受傷，另有兩名女工分別是68歲和54歲，全身多處受傷，昏迷被送往聯合醫院治理，其後證實不治。棚架從20多層樓高處跌下，後橫蓋地面，大批工人嘗試搬開棚架救人，對於這樣的意外，本人深感難過！

姓李女工人頭腳受傷，51歲，姓吳女工人頭腰發手部受傷，43歲，姓黃男工人腰腳受傷，45歲，全部清醒送院治理。

以傷亡人士的年齡，推算出他們的生年為：

51歲傷者1973年「癸丑」年生

43歲傷者1981年「辛酉」年生

45歲傷者1979年「己未」年生

68 歲亡者 1956 年「丙申」年生

54 歲亡者 1970 年「庚戌」年生

發生意外大廈坐向為：「艮山坤向」正線。意外時間為 2024 年陽曆 2 月 20 日下午 4 時 56 分，日課四柱八字為：

甲辰 年

丙寅 月

甲寅 日

壬申 時

筆者繼大師分析如下：

（一）「丙申」年生人與意外日課月、日「寅」支天剋地沖，「庚戌」年生人與「甲辰」年太歲干支天剋地沖，均為亡者生年。

（二）傷者「癸丑、己未」年生人與意外發生的日課均沒有沖尅象徵。但「癸丑」年命支與大廈坐「艮」山在羅盤廿四山為雙山雙向，「丑、艮」同應。

「己未」年命支與大廈向「坤」方在羅盤廿四山雖非雙山雙向，只是「丁、未」是雙山，但「坤」向與「未」支為隔鄰山方，故亦尅應「未」人命支。

「癸丑」年生人──日課「甲」年、日干貴人到「丑」支，故輕傷。

「己未」年生人──日課天干年、日有「甲」貴人到「未」支，「己」干之貴人到日課「申」支，故輕傷。

惟有「辛酉」年生人沖「陽刃」──「辛」干之貴人到日課之「寅」月、日支，「辛」干之陽刃在「申」時支，被日課月、日「寅」地支所沖，為沖「陽刃」，主血光之災。

羅盤中廿四山之雙山五行為「艮寅、坤申」四隅卦坐山之「艮」與「寅」同屬雙山組合，大廈地盤連竹棚，為「坐艮向坤」，坐山「艮寅」同一雙山，引發「寅」方地支，「甲」歲干之祿在「寅」月、日支，可謂「寅」木之氣大盛，昔逢「壬申」時與「甲寅」日地支相沖，為日破時。

其實生人年命干支與發生意外日課干支是助緣，最重要的是發生意外大廈棚架是「艮山坤向」正線，剛好是黃泉八煞線度之方向，這是意外發生的主要原因，在那處工作的人都受大廈煞線磁場的影響，是風水上的向度問題，由日課時間的干支引發起來，剋應受害人命干支，這樣的偶然，半點不由人，真是一個定數！祈望凶災不再發生，祝願傷者盡快康復。阿彌陀佛！

《本篇完》

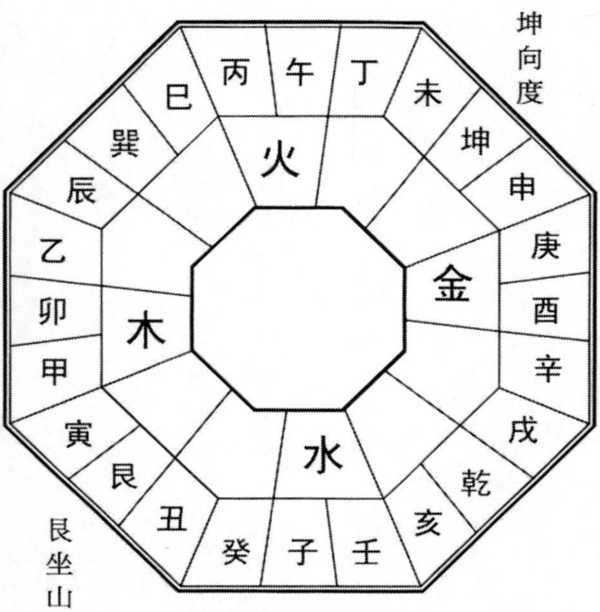

廿四山雙山五行圖
繼大師

（十八）貴登天門時的原理、尋法及用法口訣

繼大師

在正五行擇日法中，用事日期是決定於當事人，但當日子已定，發現日子對某一位親人有所沖尅，而又無法改動，這種情況之下，可以選擇更改時間，但只能作出有限度的選擇及作出調整，這可以改動時辰。

一般最有效的方法，是選取「貴人登天門時」，但有時出現在「子、丑、寅」時，深夜中不能用事，是可遇不可求。

「貴人登天門時」號稱「神藏煞沒時」，是選擇大吉時辰的權宜之法，它是根據日課當日的天乙貴人為主，分出陰貴人及陽貴人，由主管十二月令的神將，在日課當日日柱天干下的天乙貴人地支位，分陰陽貴人順行推排。

當行至「亥」支位天門之時，則十二月令在該月所屬支神處於「六凶斂威。六神悉伏。」的狀態，這時凶神不能作惡，而吉神卻能制止凶神，為最吉利的時辰。

清胡暉著**《選擇求真》〈卷二〉〈用時法〉**引述**《元經》**云：**「善用時者。常令朱雀鎩羽。勾陳登陛。白虎焚身。玄武折足。螣蛇落水**（螣蛇又稱騰蛇）**天空投匭**（匭音軌，即小箱子。）**所謂六神悉伏也。」**

《協紀》曰：**「用時之法。甚為切當。惟四大吉時一條。誤以四殺沒時。為神藏殺沒者。彼蓋以殺沒二字。而至於偽謬。**

蓋神藏殺沒。惟貴人登天門。其餘十一將。皆居其所。則凶神受制而吉。神得位。所謂六神悉伏。即神藏殺沒之義也。」

所謂四殺之時，即：

「寅、午、戌」殺在「丑」。

「亥、卯、未」殺在「戌」。

「申、子、辰」殺在「未」。

「巳、酉、丑」殺在「辰」。

當日柱天干之貴人在所屬月將當令之下，其排列至「亥」位，即為之「登天門」，當貴人一登天門，則「六神悉伏。神藏殺沒。」

六善神為：「天后、太陰、太常、六合、青龍」等為五將，加天乙貴人。

六凶神為：「螣蛇、朱雀、勾陳、天空、玄武和白虎。」

農曆正月以雨水中氣為「亥將」，在廿四山之「乾、亥」位，為貴人登天門。當貴人到「亥」位時，則五大吉神在本位，其位置是：

「天后」入惟，「太陰」回宮，「太常」登筵，「青龍」游海，「六合」乘軒，所有吉神在本位守候。

六大凶神則被制服，其情況是：

「玄武」折足，「白虎」燒身，「天空」投匭，「勾陳」列陛，「朱雀」鍛羽，「螣蛇」落水，所有凶神，全被尅制。

茲列出貴人登天門時總圖如下：

貴人	登天門	乾亥	正月	亥將
天后	入帷	辛戌	二月	戌將
太陰	回宮	庚酉	三月	酉將
玄武	折足	坤申	四月	申將
太常	登筵	丁未	五月	未將
白虎	燒身	丙午	六月	午將
天空	投匭	巽巳	七月	巳將
青龍	游海	乙辰	八月	辰將
勾陳	列陛	甲卯	九月	卯將
六合	乘軒	艮寅	十月	寅將
朱雀	鍛羽	癸丑	十一月	丑將
螣蛇	落水	壬子	十二月	子將

筆者繼大師解釋上圖如下：

天乙貴人為主的六壬十二神將之排列為：

天乙貴人前一位為「騰蛇」火將，前二為「朱雀」火將，前三為「六合」土將，前四為「勾陳」土將，前五為「青龍」木將，前六為「天空」土將。

後一位為「天后」水將，後二為「太陰」金將，後三為「玄武」水將，後四為「太常」土將，後五為「白虎」金將。

其中天后、太陰、太常、六合、青龍五將加天乙貴人為六善神。而騰蛇、朱雀、勾陳、天空、玄武和白虎為六凶神。當天乙貴人居於「亥」位天門方位之時，則：

其前一「螣蛇」火將（螣蛇又稱騰蛇）居於「壬子」之方，火臨水位受制，為之「落水」。

前二「朱雀」居「癸丑」之方，皆為火臨水位受制，為之「鍛羽」。

前三「六合」木將臨「艮寅」，為土將臨木土之鄉，稱為「乘軒」。

前四「勾陳」土將居於「甲卯」木之鄉，土臨木鄉受制為「列陛」。

前五「青龍」木將居於「乙辰」，木將臨木土鄉，辰為水庫，稱為龍歸大海得地為「游海」。

前六「天空」土將居於「巽巳」之方，亦受巽木之制，為之「投匭」。

貴人之後一位「天后」水將居於「辛戌」金鄉，金生水，為之「入帷」。

後二位「太陰」金將臨「庚酉」，為金將歸回金宮，即為「回宮」。

後三位「玄武」臨「坤申」，水將臨土被制，稱之為「折足」。

後四位「太常」居於「丁未」方位，土將人土鄉，亦為生旺之方位，為之「登筵」。

後五位「白虎」居於「丙午」，金臨火旺之地，為之「燒身」。

六凶神皆處於受制之地，而六吉神又處於得地之方。凶神受制為「煞沒」，吉神得地為「神藏」，因此「貴人登天門時」稱為「神藏煞沒」。

天乙貴人分為陽貴人和陰貴人，原則上以白晝用陽貴人，黑夜用陰貴人。

「貴登天門」用於選擇良辰吉日，**《協紀辨方書 — 四大吉時》**云：**「貴登天門為選時第一義，月將加時，貴人陰陽順逆，皆六壬法也。」**

原則上每年有十二個節氣及中氣，每個月的月柱干支，以節氣定出，但十二個月將所管轄的月令，是由中氣所定出，每年交中氣的時間約相差3至5日之間，視乎每年而定。

筆者繼大師現列出每年中氣月將的太約時間如下：

（一）亥將 — 雨水 — 每年約由陽曆2月19日至21日。

（二）戌將 — 春分 — 每年約由陽曆3月21日至23日。

（三）酉將 — 穀雨 — 每年約由陽曆4月21日至23日。

（四）申將——小滿——每年約由陽曆5月21日至23日。
（五）未將——夏至——每年約由陽曆6月21日至23日。
（六）午將——大暑——每年約由陽曆7月21日至23日。
（七）巳將——處暑——每年約由陽曆8月22日至24日。
（八）辰將——秋分——每年約由陽曆9月22日至24日。
（九）卯將——霜降——每年約由陽曆10月22日至24日。
（十）寅將——小雪——每年約由陽曆11月22日至24日。
（十一）丑將——冬至——每年約由陽曆12月21日至24日。
（十二）子將——大寒——每年約由陽曆1月22日至24日。

筆者繼大師現解釋以十天干尋找貴人登天門時的方法及程序，以「未將」月令為例，如2035年陽曆6月21日交「夏至」日，至7月23日交「大暑」日內，夏至日開始後，以「未將」當令，在每日之日柱天干，其在地支中的貴人支，用順推的方法去尋找。

首先要知道日課之日柱天干在地支之貴人位，口訣是：

「甲、戊、庚」牛（丑）羊（未）－貴人在「丑、未」。

「乙、己」鼠（子）猴（申）鄉－貴人在「子、申」。

「丙、丁」豬（亥）雞（酉）位－貴人在「亥、酉」。

「壬、癸」兔（卯）蛇（巳）藏－貴人在「卯、巳」。

現列出「未將」月令內的十個天干例子如下：

（一）2035 年陽曆 7 月 12 日為夏至「未將」當令，日課三柱為：

乙卯 年

癸未 月

甲戌 日

「甲」日干之貴人在「丑、未」，第一個「甲」日干之貴人在「丑」，先將「未將」支放在手掌訣上的「丑」位，再順推至掌訣上的「亥」位，便是貴人登天門時。順排為：

「未將」—丑掌訣位，　申—寅掌訣位，　酉—卯掌訣位，　戌—辰掌訣位，

亥—巳掌訣位，　子—午掌訣位，　丑—未掌訣位，　寅—申掌訣位，

卯—酉掌訣位，　辰—戌掌訣位，　巳—亥掌訣位，

排到「亥」位，就是登天門，故「巳」時為貴人登天門時。

第二個「甲」日干之貴人在「未」，將「未將」放在掌訣之「未」位，順行推排，

「未將」－未掌訣位，　申－申掌訣位，　酉－酉掌訣位，　戌－戌掌訣位，

亥－亥掌訣位。排到「亥」位，就是登天門，故「亥」時為貴人登天門時。

「甲戌」日之兩個貴人登天門時日課四柱為：

乙卯 年

癸未 月

甲戌 日

己巳 時 及 乙亥 時

（子至巳時爲上六時）

（午至亥時爲下六時）

（二）2035年陽曆7月13日為夏至「未將」當令，日課三柱為：

乙卯 年
癸未 月
乙亥 日

「乙」日干之貴人在「子、申」，第一個「乙」日干之貴人在「子」，先將「未將」支放在手掌訣上的「子」位，再順推至掌訣上的「亥」位，便是貴人登天門時，順排為：

「未將」－子掌訣位，　申－丑掌訣位，　酉－寅掌訣位，　戌－卯掌訣位，
亥－辰掌訣位，　子－午掌訣位，　丑－午掌訣位，　寅－未掌訣位，
卯－申掌訣位，　辰－酉掌訣位，　巳－戌掌訣位，　午－亥掌訣位。

排到「亥」位，就是登天門，故「午」時為貴人登天門時。

第二個「乙」日干之貴人在「申」，將「未將」放在掌訣之「申」位，順行推排。

「未將」－ 申掌訣位，　申 － 酉掌訣位，　酉 － 戌掌訣位，　戌 － 亥掌訣位，

排到「亥」位，就是登天門，故「戌」時為貴人登天門時。

「乙亥」日之兩個貴人登天門時日課四柱為：

乙卯 年

癸未 月

乙亥 日

壬午 時 及 丙戌 時

（三）2035 年陽曆 7 月 14 日為夏至「未將」當令，日課三柱為：

乙卯 年
癸未 月
丙子 日

「丙」日干之貴人在「亥、酉」，第一個「丙」日干之貴人在「亥」，先將「未將」支放在手掌訣上的「亥」位，再順推至掌訣上的「亥」位，便是貴人登天門時，順排為：

「未將」—— 亥掌訣位，本身就是就是登天門位，故「未」時為貴人登天門時。

第二個「丙」日干之貴人在「酉」，將「未將」放在掌訣之「酉」位，順行推排。

從未 —— 酉掌訣位，經過申 —— 戌掌訣位，酉 —— 亥掌訣位。

排到「亥」位，就是登天門，故「酉」時為貴人登天門時。

「丙子」日之兩個貴人登天門時日課四柱為：

乙卯 年

癸未 月

丙子 日

乙未 時 及 丁酉 時

（四）2035 年陽曆 7 月 15 日為夏至「未將」當令，日課三柱為：

乙卯 年

癸未 月

丁丑 日

「丁」日干之貴人在「亥、酉」，第一個「丁」日干之貴人在「亥」，先將「未將」支放在手掌訣上的「亥」位，「亥」位本身就是貴人登天門，故「未」時為貴人登天門時。

第二個「丁」日干之貴人在「酉」，將「未將」放在掌訣之「酉」位，順行推排。

「未將」－酉掌訣位，　申－戌掌訣位，　酉－亥掌訣位。

排到「亥」位，就是登天門，故「酉」時為貴人登天門時。

「丁丑」日之兩個貴人登天門時日課四柱為：

乙卯 年
癸未 月
丁丑 日
丁未 時 及 己酉 時

（五）2035 年陽曆 7 月 16 日為夏至「未將」當令，日課三柱為：

乙卯 年
癸未 月
戊寅 日

「戊」日干之貴人在「丑、未」，第一個「戊」日干之貴人在「丑」，先將「未將」支放在手掌訣上的「丑」位，再順推至掌訣上的「亥」位，便是貴人登天門時，順排為：

「未將」—丑掌訣位，　申—寅掌訣位，　酉—卯掌訣位，　戌—辰掌訣位，

亥—巳掌訣位，　子—午掌訣位，　丑—未掌訣位，　寅—申掌訣位，

卯—酉掌訣位，　辰—戌掌訣位，　巳—亥掌訣位，故「巳」時為貴人登天門時。

第二個「戊」日干之貴人在「未」，將「未將」放在掌訣之「未」位，順行推排。

「未將」—未掌訣位，　申—申掌訣位，　酉—酉掌訣位，　戌—戌掌訣位，

亥—亥掌訣位，排到「亥」位，就是登天門，故「亥」時為貴人登天門時。

「戊寅」日之兩個貴人登天門時日課四柱為：

乙卯年
癸未月
戊寅日
丁巳時　及　癸亥時

（六）2035年陽曆7月17日為夏至「未將」當令，日課三柱為：

乙卯年
癸未月
己卯日

「己」日干之貴人在「子、申」，第一個「己」日干之貴人在「子」，先將「未將」支放在手掌訣上的「子」位，再順推至掌訣上的「亥」位，便是貴人登天門時。順排為：

「未將」—子掌訣位，　申—丑掌訣位，　酉—寅掌訣位，　戌—卯掌訣位，

亥—辰掌訣位，　子—巳掌訣位，　丑—午掌訣位，　寅—未掌訣位，

卯—申掌訣位，　辰—酉掌訣位，　巳—戌掌訣位，　午—亥掌訣位，

故「午」時為貴人登天門時。

第二個「己」日干之貴人在「申」，將「未將」放在掌訣之「申」位，順行推排。

「未將」—申掌訣位，　申—酉掌訣位，　酉—戌掌訣位，　戌—亥掌訣位，

排到「亥」位，就是登天門，故「戌」時為貴人登天門時。

「己卯」日之兩個貴人登天門時日課四柱為：

乙卯 年
癸未 月
戊寅 日
戊午 時 及 壬戌時

（七）2035 年陽曆 7 月 18 日為夏至「未將」當令，日課三柱為：

乙卯 年
癸未 月
庚辰 日

「庚」日干之貴人在「丑、未」，第一個「庚」日干之貴人在「丑」，先將「未將」支放在手掌訣上的「丑」位，再順推至掌訣上的「亥」位，便是貴人登天門時，順排為：

「未將」—丑掌訣位，　申—寅掌訣位，　酉—卯掌訣位，　戌—辰掌訣位，
亥—巳掌訣位，　子—午掌訣位，　丑—未掌訣位，　寅—申掌訣位，
卯—酉掌訣位，　辰—戌掌訣位，　巳—亥掌訣位，故「巳」時為貴人登天門時。

第二個「庚」日干之貴人在「未」，將「未將」放在掌訣之「未」位，順行推排。

「未將」— 未掌訣位，申 — 申掌訣位，酉 — 酉掌訣位，戌 — 戌掌訣位，亥 — 亥掌訣位，排到「亥」位，就是登天門，故「亥」時為貴人登天門時。

「庚辰」日之兩個貴人登天門時日課四柱為：

乙卯 年
癸未 月
戊寅 日
丁巳 時 及 癸亥 時

（八）2035 年陽曆 7 月 19 日為夏至「未將」當令，日課三柱為：

乙卯 年
癸未 月
辛巳 日

「辛」日干之貴人在「午、寅」，第一個「辛」日干之貴人在「午」，先將「未將」支放在手掌訣上的「午」位，再順推至掌訣上的「亥」位，便是貴人登天門時，順排為：

「未將」— 午掌訣位，申 — 未掌訣位，酉 — 申掌訣位，戌 — 酉掌訣位，亥 — 戌掌訣位，子 — 亥掌訣位，故「子」時為貴人登天門時。這裡要留意的是，「子」時有兩個，分別是「早子時」及「夜子時」，均可使用。

第二個「辛」日干之貴人在「寅」，將「未將」放在掌訣之「寅」位，順行推排。

「未將」— 寅掌訣位，　申 — 卯掌訣位，　酉 — 辰掌訣位，　戌 — 巳掌訣位，

亥 — 午掌訣位，　子 — 未掌訣位，　丑 — 申掌訣位，　寅 — 酉掌訣位，

卯 — 戌掌訣位，　辰 — 亥掌訣位。

排到「亥」位，就是登天門，故「辰」時為貴人登天門時。

「辛巳」日之兩個貴人登天門時日課四柱為：

乙卯　年

癸未　月

辛巳　日

戊子　時（早子時）、　庚子時（夜子時）　及　壬辰時

（九）2035 年陽曆 7 月 20 日為夏至「未將」當令，日課三柱為：

乙卯　年

癸未　月

壬午　日

「壬」日干之貴人在「卯、巳」，第一個「壬」日干之貴人在「卯」，先將「未將」支放在手掌訣上的「卯」位，再順推至掌訣上的「亥」位，便是貴人登天門時，順排為：

「未將」—卯掌訣位，　申—辰掌訣位，　酉—巳掌訣位，　戌—午掌訣位，
亥—未掌訣位，　子—申掌訣位，　丑—酉掌訣位，　寅—戌掌訣位，
卯—亥掌訣位，故「卯」時為貴人登天門時。

第二個「壬」日干之貴人在「巳」，將「未將」放在掌訣之「巳」位，順行推排。

「未將」—巳掌訣位，　申—午掌訣位，　酉—未掌訣位，　戌—申掌訣位，
亥—酉掌訣位，　子—戌掌訣位，　丑—亥掌訣位，排到「亥」位，就是登天門，故「丑」時為貴人登天門時。

「壬午」日之兩個貴人登天門時日課四柱為：

乙卯 年
癸未 月
壬午 日
辛丑 時 及 癸卯 時

（十）2035年陽曆7月21日為夏至「未將」當令，日課三柱為：

乙卯 年

癸未 月

癸未 日

「癸」日干之貴人在「卯、巳」，第一個「癸」日干之貴人在「卯」，先將「未將」支放在手掌訣上的「卯」位，再順推至掌訣上的「亥」位，便是貴人登天門時，順排為：

「未將」—卯掌訣位，　申—辰掌訣位，　酉—巳掌訣位，　戌—午掌訣位，

亥—未掌訣位，　子—申掌訣位，　丑—酉掌訣位，　寅—戌掌訣位，

卯—亥掌訣位，故「卯」時為貴人登天門時。

第二個「癸」日干之貴人在「巳」，將「未將」放在掌訣之「巳」位，順行推排。

「未將」—巳掌訣位，　申—午掌訣位，　酉—未掌訣位，　戌—申掌訣位，
亥—酉掌訣位，　子—戌掌訣位，　丑—亥掌訣位，

排到「亥」位，就是登天門，故「丑」時為貴人登天門時。

「癸未」日之兩個貴人登天門時日課四柱為：

乙卯 年
癸未 月
癸未 日
癸丑 時　及　乙卯 時

我們學習擇日，不單止只知方法，還要牢記各種神煞的尋找程序，故筆者繼大師不厭其煩，列出由「甲」至「癸」十個天干例子，在同屬未將月令之下，舉一反三，使讀者們能熟習貴人登天門時的尋找方法。

不要以為囉嗦及繁瑣，其實知道並不困難，但能夠在無圖表幫助之下，用掌訣自行推算，你就可以隨時找出來。

附〈貴人登天門表〉如下：

《本篇完》

丁	丙	乙	甲	日干	陽曆
亥/丑	丑/亥	寅/戌	卯/酉	雨水 亥將	二月 十九至廿十
戌/子	子/戌	丑/酉	寅/申	春分 戌將	三月 廿一至廿二
酉/亥	亥/酉	子/申	丑/未	谷雨 酉將	四月 廿至廿一
申/戌	戌/申	亥/未	子/午	小滿 申將	五月 廿一至廿二
未/酉	酉/未	戌/午	亥/巳	夏至 未將	六月 廿一至廿二
午/申	申/午	酉/巳	戌/辰	大暑 午將	七月 廿三至廿四
巳/未	未/巳	申/辰	酉/卯	處暑 巳將	八月 廿三至廿四
辰/午	午/辰	未/卯	申/寅	秋分 辰將	九月 廿三至廿四
卯/巳	巳/卯	午/寅	未/丑	霜降 卯將	十月 廿三至廿四
寅/辰	辰/寅	巳/丑	午/子	小雪 寅將	十一月 廿二至廿三
丑/卯	卯/丑	辰/子	巳/亥	冬至 丑將	十二月 廿二至廿三
子/寅	寅/子	卯/亥	辰/戌	大寒 子將	一月 廿至廿一

癸	壬	辛	庚	己	戊
巳/未	未/巳	申/辰	酉/卯	戌/寅	酉/卯
辰/午	午/辰	未/卯	申/寅	酉/丑	申/寅
卯/巳	巳/卯	午/寅	未/丑	申/子	未/丑
寅/辰	辰/寅	巳/丑	午/子	未/亥	午/子
丑/卯	卯/丑	辰/子	巳/亥	午/戌	巳/亥
子/寅	寅/子	卯/亥	辰/戌	巳/酉	辰/戌
亥/丑	丑/亥	寅/戌	卯/酉	辰/申	卯/酉
戌/子	子/戌	丑/酉	寅/申	卯/未	寅/申
酉/亥	亥/酉	子/申	丑/未	寅/午	丑/未
申/戌	戌/申	亥/未	子/午	丑/巳	子/午
未/酉	酉/未	戌/午	亥/巳	子/辰	亥/巳
午/申	申/午	酉/巳	戌/辰	亥/卯	戌/辰

（十九）甲辰流年日課及方位的吉凶

繼大師

無論陰宅的重修或是陽居的裝修，我們都要注意流年方位的吉凶，筆者繼大師現將「甲辰」年的坐山方位吉凶列之如下：

（一）太歲名「李成」「甲辰」年天干屬木，地支屬土，是年沒有立春日，為「盲年」，太歲在東南「辰」方，歲破在西北「戌」方，名為「大耗」，極凶，不能沖犯，否則凶險異常，嚴重者會損丁。

（二）三煞方在南方，後天「離宮」「丙、午、丁」，劫煞在「巳」，歲煞在「未」。

（三）戊己都天煞在東南方「辰、巳」位，夾煞都天在「巽」。

（四）「甲辰」流年紫白「三碧星」入中，年紫白「五黃」凶星到西方，後天「兌」宮（庚、酉、辛），「未」月紫白「九紫」星飛入中宮，二黑到「兌」宮，為二五交加，故「甲辰」年「未」月在「兌」宮西方忌動土，易損小口。

流年紫白星「二黑」到東南方「巽」宮（辰、巽、巳），「戌」月之月紫白星「六白星」入中宮，「五黃」星飛入東南方「巽」宮，為二五交加，故「戌」月在東南方「巽」宮忌動土。

（五）土王用事日，為陽曆 2024-4-17 辛亥日、2024-7-20 乙酉日、2024-10-20 丁巳日、2025-1-16 乙酉日，忌動土及奠基儀式。

（六）「分龍日」是龍神交接之時，為陽曆 2024-6-21 丙辰日。「三伏日」中之「初伏日」為陽曆 2024-7-15 庚辰日、「中伏日」為 2024-7-25 庚寅日、「末伏日」為 2024-8-14 庚戌日，忌動土及奠基儀式。

（七）四絕日為陽曆 2024-5-4 戊辰日（立夏前一天），陽曆 2024-8-6 壬寅日（立秋前一天），陽曆 2024-11-6 甲戌日（立冬前一天），大事勿用。

「甲辰」年沒有「立春日」出現，是為盲年，故「四絕日」只得三天。

（八）四離日為陽曆 2024-3-19 壬午日（春分前一天），陽曆 2024-6-20 乙卯日（夏至前一天），陽曆 2024-9-21 戊子日（秋分前一天），陽曆 2024-12-20 戊午（冬至前一天），大事勿用。

（九）日食、月食前後七日內，大事勿用。筆者繼大師列之如下：

日全食為農曆三月初一癸卯日，陽曆為 2024-4-9，我國不見。由陽曆 2024-4-3 至 2024-4-15 日，日全食日之前七日及後七日，連本身日全食之日，共 13 日，大事勿用。

月偏食在農曆八月十六乙酉日，陽曆 2024-9-18，我國不見。由陽曆 2024-9-12 至 2024-9-24 日，月偏食日之前七日及後七日，連本身月食之日，共 13 日，大事勿用。

日環食在農曆九月初一庚子日，陽曆 2024-10-3，由陽曆 2024-9-27 至 2024-10-9 日，日環食日之前七日及後七日，連本身日環食之日，共 13 日，大事勿用。

另外，楊公忌日及煞師日，地師與人造葬安碑時頗要小心了，是唐、楊筠松風水祖師根據廿八星宿輪值而定出的，全年有十三日，可參考通勝內的日期，如想更清楚的話，可參看繼大師著《正五行擇日精義進階》第 19 章《班煞日及楊公忌日的禁忌》。

忌下葬、動土之神煞日如下：

土王用事日、分龍日、三伏日（包括初伏日、中伏日、末伏日。）、土符日、土府日、歲破日、月破日、破時（包括歲破時、月破時、日破時。）及歲破月。

另外地師忌日：班煞日，楊公忌日，口訣為：

「春子秋午。夏卯冬酉。」

我們如果將每年流年的方位吉凶定出，造葬陰墳及陽居裝修時避免沖犯，則可減少發生凶險的機會，能夠造福人群，善莫大焉。

《本篇完》

後紀——繼大師

中國是以農業立國，地球的天氣是有秩序地依廿四節氣而變化，但由於現今地球天氣急劇變化，時常出現極端天氣，已經不像以前那樣，故天時寒暑雖仍然可以擇日安碑落葬，或用於廟宇開光、陽宅擇日動土奠基儀式典禮上，但在晴天、雨天或颱風的天氣，在擇日上是難預計得到的。

昔日，於2024年「甲辰」年陽曆6月1日「巳」時，一寺廟舉行開光大典，主持人為「庚戌」年命生人，配合寺廟子山午向，日課四柱為：

甲辰 年
己巳 月
丙申 日
癸巳 時

這日課不過不失，只是日、時「巳、申」支合水，主持人「庚戌」生年，與「甲辰」年天剋地沖，日課年、月「甲、己」干合土，解去「庚」干相剋之害，日課「丙」日之祿在月、時「巳」支上，天干火土旺，地支水旺，上下互剋，因為這日是星期六假期，就大眾方便故。

慶幸的是，因為裝修時間有誤，來不及舉行儀式，故此押後，誰不知在此日課之三日前，天文台發出颱風警告，當日掛三號風球，

在擇日用事中，雖然日課有貴人、祿馬等吉神及日課干支五行生旺祭主及助山，原則上天氣的預測，只能依賴現今的天文台，故除擇日用事外，更要留意天氣變化的情況，一切盡人事應天命。一切安排都是最美好的！

繼大師寫於香港明性洞天

甲辰年仲夏吉日

《全書完》

榮光園有限公司出版 ── 繼大師著作目錄：

已出版：正五行擇日系列

一《正五行擇日精義初階》二《正五行擇日精義中階》

風水巒頭系列 ─ 三《龍法精義初階》四《龍法精義高階》

正五行擇日系列 ─ 五《正五行擇日精義進階》六《正五行擇日秘法心要》

七《紫白精義全書初階》八《紫白精義全書高階》九《正五行擇日精義高階》十《擇日風水問答錄》

風水巒頭系列 ─ 十一《砂法精義一》十二《砂法精義二》

擇日風水系列 ─ 十三《擇日風水尅應》十四《風水謬論辨正》

風水古籍註解系列 ─ 十五《三元地理辨惑》馬泰青著 繼大師標點校對

十六《三元地理辨惑白話真解》馬泰青著 繼大師意譯及註解

風水巒頭系列 ─ 十七《大都會風水秘典》十八《大陽居風水秘典》

三元卦理系列 ─ 十九《元空真秘》原著及註解上下冊（全套共三冊）劉仙舫著 繼大師註解

風水祖師史傳系列 ─ 二十《風水祖師蔣大鴻史傳》**三元易盤卦理系列** ─ 廿一《地理辨正疏》蔣大鴻註及傳姜垚註 張心言疏 繼大師註解（全套共上下兩冊）廿二《地理辨正精華錄》

大地遊踪系列－廿三《大地風水遊踪》廿四《大地風水神異》廿五《大地風水傳奇》與廿六《風水巒頭精義》限量修訂版套裝（廿五與廿六全套共二冊）

正五行擇日系列－廿七《正五行擇日精義深造》

風水古籍註解系列－廿八《千金賦說文圖解》－（穴法真祕）－劉若谷著 繼大師註解

風水巒頭系列－廿九《都會陽居風水精義》 卅《水法精義》

正五行擇日系列－卅一《正五行擇日尅應精解》

大地遊踪系列－卅二《風水祕義》 卅三《穴法精義》

風水古籍註解系列－卅四《奇驗經說文圖解》－目講師纂－繼大師註解

風水祖師史傳系列－卅五《風水明師史傳》**正五行擇日系列**－卅六《正五行擇日訣法》

未出版：卅七《玄空真解》上下冊－繼大師註解（全套共六冊）卅八《風水靈穴釋義》卅九《大地墳穴風水》四十《香港風水穴地》四十一《廟宇風水傳奇》四十二《香港廟宇風水》四十三《港澳廟宇風水》四十四《中國廟宇風水》**三元卦理系列**－四十五《三元地理命卦精解》

風水古籍註解系列－繼大師註解四十六《青烏經暨風水口義釋義註譯》 四十七《管號詩括暨葬書釋義註解》四十八《管氏指蒙雜錄釋義註解》 四十九《雪心賦圖文解義》（全四冊）

榮光園有限公司簡介

榮光園有限公司，為香港出版五術書籍的出版社，以發揚中華五術為宗旨，首以風水學為主，次為擇日學，再為占卜學。

風水學以三元易卦風水為主，以楊筠松、蔣大鴻、張心言等風水明師為理氣之宗，以巒頭（形勢）為用。占卜以文王卦為主，擇日以楊筠松祖師的正五行造命擇日法為主。

為闡明中國風水學問，筆者使用中國畫的技法畫出山巒，以表達風水上之龍、穴、砂及水的結構，以國畫形式繪劃，並插圖在書上，加以註解，令內容更加詳盡。亦將會出版中國經典風水古籍，重新註解及演繹其神韻。

日後榮光園若有新的發展構思，定當向各讀者介紹。

作者簡介

出生於香港的繼大師，年青時熱愛於宗教、五術及音樂藝術，一九八七至一九九六年間，隨呂克明先生學習三元陰陽二宅風水及正五行擇日等學問，於八九年拜師入其門下。

《正五行擇日訣法》 繼大師著

出版社：榮光園有限公司 Wing Kwong Yuen Limited
香港新界葵涌大連排道35 - 41號, 金基工業大廈12字樓D室
Flat D, 12/F, Gold King Industrial Bldg. , 35-41 Tai Lin Pai Rd, Kwai Chung, N.T., Hong Kong
電話：(852) 6850 1109
電郵：wingkwongyuen@gmail.com
發行：聯合新零售(香港)有限公司 SUP RETAIL (HONG KONG) LIMITED
地址：香港新界荃灣德士古道220～248號荃灣工業中心16樓
16/F, Tsuen Wan Industrial Centre, 220-248 Texaco Road, Tsuen Wan, NT, Hong Kong
電話：(852) 2150 2100
電郵：info@suplogistics.com.hk
印刷：榮光園有限公司 Wing Kwong Yuen Limited
《正五行擇日訣法》作者：繼大師
繼大師電郵：masterskaitai@gmail.com
繼大師網址：kaitaimasters.blogspot.hk
版次：2024年7月 第一次版
ISBN：978-988-76826-8-4
訂價 HK$ 280

ISNB 978-988-76826-8-4
9 789887 682684